**창작형
인간의
하루**

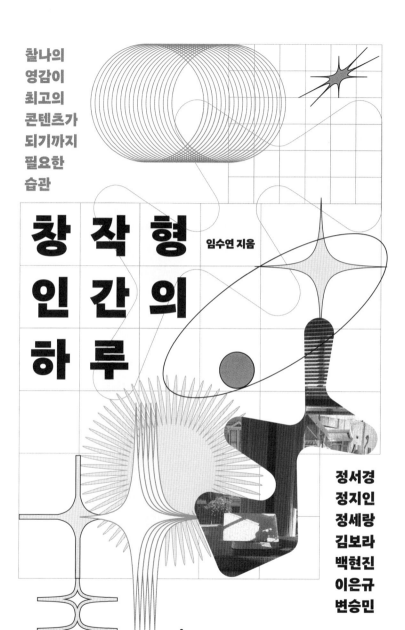

찰나의
영감이
최고의
콘텐츠가
되기까지
필요한
습관

창작형 인간의 하루

임수연 지음

정서경
정지인
정세랑
김보라
백현진
이은규
변승민

빅피시
BIG FISH

오늘도 특별한 무언가를

만들지 못하고 하루를 보냈다.

'결국 만들어내는 사람'이

되기 위해서는

어떻게 해야 할까?

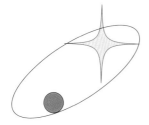

여기 최고의 크리에이터들의

하루를 들여다보자.

그들은 매일의 깊고 얕은 파도를 타며

매일의 진심이 가진 힘을 믿었다.

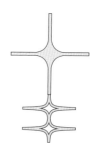

"어떻게 될지 아직 나 자신도 모르니까
할 수 없다고 생각하지 않는다."

- 정서경 작가

"내가 나를 혹사시키지 않아야 한다.
진짜 중요한 것에만 몰입하기 위하여."

- 정세랑 소설가

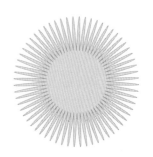

"증명해 보이기 위함이 아니라
내 일에 대한 사랑이 나를 이끈다."

- 김보라 감독

'창작형 인간'이 되는 것은
어렵지 않다.

하루하루의 작은 최선,
그것이 전부다.

대체 불가능한 창조성에 대하여

일주일에 적게는 하나, 많게는 세 개의 인터뷰 기사를 쓴다. 내가 몸담고 있는 〈씨네21〉은 영화 중심의 대중문화를 다루는 매체다. 그러다 보니 일반 회사를 다녔다면 직접 말을 섞을 일이 없을 영화감독, 제작자, 배우, 소설가, 방송국 PD, 미술가, 뮤지션 등 다양한 크리에이터들을 만나 인연을 맺는 호사를 누릴 수 있었다. 여기서 이들을 한데 묶어 '크리에이터'라고 통칭하는 일이 자연스러운 것은 그들이 하는 작업이 모두 독창적인 아이디어에 기반을 두고 유무형의 생산물을 내놓는 것, 즉 창작 활동에 속하기 때문이다.

최근 미국작가조합WGA과 미국배우·방송인노동조합 SAG-AFTRA의 파업이 장기화되면서 영화와 TV 시리즈 제작에 차질이 빚어지고 있다. 〈미션 임파서블: 데드 레코닝 파트 2〉〈기묘한 이야기〉 시즌 5 등의 프로덕션이 중단되고, 올 하반기 공개 예정이었던 〈듄: 파트2〉는 내년으로 개봉이 연기됐다. 배우와 작가들이 대거 불참 의사를 표명하면서 에미상은 기약 없이 미뤄졌으며 베니스국제영화제, 토론토국제영화제 등 많은 제작·배급 관계자가 참석해 세일즈 및 마케팅을 하는 행사 역시 큰 타격을 입었다.

　이들이 영화·TV제작자연맹AMPTP을 대상으로 동반 파업에 나선 근본적인 원인은 그들의 창작 활동에 충분한 보상이 주어지지 않고 있다는 문제의식에서 출발한다. AMPTP은 3년마다 WGA, SAG-AFTRA 등과 임금 협상을 진행한다. 작가의 최소 임금을 규정하는 협정은 기존 TV 방송에만 적용되고 OTT 플랫폼의 오리지널 콘텐츠에는 적용되지 않는다. 때문에 OTT 플랫폼이 성행할수록 작가들의 처우는 열악해질 수밖에 없다. 여기에 챗지피티ChatGPT를 비롯한 생성 AI(Generative AI, 콘텐츠들의 패턴을 학습한 뒤 새로운 콘텐츠를 생성해내는 인공지능)가 인간 창작자들의 자리를 빼앗고 있다는 비판이 중요한 쟁점으로 떠올랐다. 최근 할리우드 제작자들은 생성 AI가 시나리오를 쓰게 만든 후, 이를 작가들이 수정하게끔 하거나 작가들이 쓴 글을 생성 AI가 임의로 수정하게끔 하는 방식으로 대본을 만들고 있다. 생성 AI가 수많은 시나리오를 학습하는 과정에서 저작료가 지불된 것도 아니다. 여기에 생성 AI가 기존 배우의 얼굴 및 신체 연기를 스캔한 뒤 이를 복제해 활용하는 기술은 인간 배우들의 입지도 위태롭게 만들 수 있다. 배우의 이미지를 처음 스캔할 때를 제외하고는 이들의 연기를 활용하는 데 별도의 사용료가 책정되지 않기 때문이다. 이에 할리우드 작가 및 배우 조합은 고유의 창작 영역을 존중받기 위해 파업에 들어간 것이다.

　지금까지 내가 해 온 인터뷰는 대체로 작품에 초점이 맞춰져 있었다. 그러나 이 책에서 만난 정서경, 정세랑, 정지인, 김보라, 백현진, 이은규, 변승민 등 7인의 크리에이터와의 대화는 창작 활동 그 자체를 다룬다. 직업군에 따라 혹은 각자 타고난 성향에 따라 조금씩 세부 내용은 다르지만, 이들은 모두 일에 필요한 근육을 만들기 위해 자기만의 습관을 만들고 있었다. 물론 매일 정해진 시간에 걷고, 마사지를 하고, 콘텐츠 소비 시간을 따로 마련하는 등의 루틴이 반드시 직접적인 아이디어로 이어지는 것은 아니다. 심지어 정해진 루틴을 파괴하며 얻는 착상을 좇는 이도 있다.

　하지만 창작은 적확한 인과관계를 거쳐 완성되기보다는 자기 자신도 설명할 수 없는 우연을 동반하는 경우가 더 많다. 그리고 일종의 행운처럼 찾아오는 예술적 영감은 수년에서 수십 년 동안 자신을 단련하며 이를 받아들일 준비가 되어 있는 자들에게 포획되기 마련이다. 이것은 논리적 추론에 따라 학습하는 기술이 완전히 대체할 수 없는, 인간 창작자만이 할 수 있는 일이다. 정서경 작가는 챗지피티가 작가의 자리를 위협하기보다는 "대본을 쓸 때 필요한 자료를 빨리 모아두는 식으로 우리를 많이 도와줄 것"이라며 희망을 건다. 거의 모든 직업군이 언젠가 기술이 인간을 대체할지도 모른다는 두려움을 안고 있지만, 기술만으로는 완성할 수 없는 창조성을 확립한 이들에게 기술은 또 다른 기회가 될 수 있다. 이 책이 각자의 영역에서 창작을 위해 분투하는 모든 크리에이터들이 자기만의 (비)규칙과 발상을 만드는 데 보탬이 될 수 있기를 바란다.

차례

고유성과
보편성 사이의

모험가

정서경 작가

그녀가 만든 세계에는 어딘가 이상하고 뒤틀리고 유해한 여성들이 등장한다. 분명히 존재하지만 좀처럼 조명되지 않았던 여성들의 욕망을 역설적인 아름다움으로 보여준 작가. 영화 〈친절한 금자씨〉〈싸이보그지만 괜찮아〉〈박쥐〉〈아가씨〉〈독전〉 시나리오와 드라마 〈마더〉〈작은 아씨들〉의 대본을 썼다.

"내 영화에도 여성성, 아이다운 천진함, 동화적인 아름다움, 낙관주의, 설렘, 감사하는 마음, 쓸데없는 공상 같은 것들이 들어 있다면 그건 정서경에게서 비롯한 것이다. 내게서 나온 아이디어들이 없지는 않겠지만 그조차도 정서경에 의해 일깨워진 것이다."

———————————————— 박찬욱 감독의 《친절한 금자씨 각본》 서문 중에서

영화감독이 직접 쓴 시나리오로 실력을 검증받아야 입봉을 할 수 있는 한국 영화계 특유의 분위기 속에서, 각본 크레딧은 직접 글을 쓴 감독 혹은 공동 지분을 고집하는 연출자에게 할애되는 경우가 많다. 시나리오 작가가 원래 쓴 초고는 기획 및 투자 유치 과정에서 창작자의 의도와는 무관하게 상당 부분 수정되는 것이 부지기수이며, 작가들에 대한 열악한 처우는 충무로의 고질적인 문제 중 하나다.

박찬욱 감독의 〈친절한 금자씨〉 〈싸이보그지만 괜찮아〉 〈박쥐〉 〈아가씨〉 〈헤어질 결심〉을 함께 만든 공동 크리에이터, 정서경은 한국 영화계에서 시나리오 작가가 직면한 한계를 뚫고 자신의 이름 석 자를 각인시킨 드문 케이스다. 정서경과 박찬욱, 두 창작자는 모니터 한 대에 키보드 두 개를 연결한 후 주어와 목적어, 서술어를 번갈아 입력하는 방식으로 거의 뇌를 공유하며 시나리오 작업을 한다. 그렇다 보니 정서경은 박찬욱 감독의 영화에서 보조적인 위치가 아닌, 함께 세계를 창조하는 아티스트로서 인정받는다. 박찬욱 감독과 함께하지 않는 드라마로 활동 무대를 넓힌 후 선보인 〈마더〉 〈작은 아씨들〉도 연달아 성공하면서 정서경은 드라마 작가로도 입지를 다진 창작자가 됐다.

정서경은 불균질한 요소들이 충돌할 때 생기는 파열음을 매혹적으

로 가다듬는 작가다. 그렇기에 그는 예술가의 고유성을 지키면서 대중과 호흡하는 까다로운 위치를 늘 점해올 수 있었고, 영화와 드라마 양쪽을 오가며 저변을 확장해오고 있다.

하지만 정서경 작가를 만나본 사람이라면 그만의 비기란 애초에 존재하지 않는다는 것을 짐작할 수 있다. 그는 구체적인 메커니즘에 따라 정직하게 아이디어를 확장하기보다는 양질의 거름을 쌓아둔 뒤 촉발되는 동물적인 발상을 용감하게 따라가는 모험가에 가깝다. 어쩌면 정서경이 만드는 동화적인 파토스는 그런 기질을 타고났기 때문에 성립 가능한 것인지도 모르겠다. 개인 작업실에서 만난 그는 한창 차기작 드라마 〈북극성〉의 초반 대본을 집필하고 있었다.

INTERVIEW

얼마 전 열린 디렉터스 컷 어워즈에서도 대본 집필 때문에 영상으로 수상 소감을 대신하셨잖아요. 결국 마감을 정확히 지켰다고 들었습니다.

(너스레를 떨며) 요새 제가 마감을 잘 지키는 작가라는 명성이 생겼어요. (웃음) 최근엔 4주에 한 회 대본을 완성한다는 생각으로 일하거든요. 1~2주 차에 지난 회차 대본을 수정하고 다음 회차 시놉시스를 쓰고, 3~4주 차에 대본 작업을 해요. 그렇게 두 달 동안 두 회차 대본을 썼습니다.

지난해 〈작은 아씨들〉을 마치고 짧은 휴식기를 갖다가 새 작품에 들어간 건가요.

바로 들어갔어요. 저는 평소에도 많이 쉬는 편이니까. 시나리오 쓰는 시간 외에는 그냥 두세 시간씩 누워서 아무것도 안 하거든요. 중간중간 프로모션 때문에 외부 활동을 할 때도 있었지만요.

쉴 때 푹 쉬는 게 일을 더 잘하기 위해서도 필요한 것 같아요. 그 역시 일을 더 잘하기 위해서 지키는 루틴 중의 일부가 아닐까 싶은데, 작가님의 하루 일과는 어떻게 구성되어 있나요.

───

저는 차를 끓일 때도 '내가 이 차를 끓였다니! 믿을 수가 없어!'라고 감탄해요. (웃음) 제가 저 자신에게 굉장히 관대하다는 것을 감안하고 말하자면, 그날그날의 에너지를 남김없이 쓰려고 해요. 일뿐만 아니라 아내와 엄마로서도 그렇습니다. 아침 출근 시간이 정해져 있진 않은데, 일찍 일하고 싶으면 새벽같이 작업실에 오기도 하고 아이를 학교에 보내야 하는 날은 좀 늦어지기도 해요. 월요일은 예외입니다. 아이들을 학교에 보내고, 시어머니가 오후에 오시기 때문에 집을 깨끗이 청소하고 나면 제 영혼이 다시 몸에 깃들기까지 오랜 시간이 걸려요. (웃음) 그렇게 작업실로 출근하면 20분 정도 워킹패드 위를 걷고 씻으면서 집안일을 지우고 대본을 쓸 수 있는 머리를 만들어요. **쓰지 않는 삶과 쓰는 삶 사이를 구분하기 위해 하는 빗질 같은 거예요.**

보조 작가가 주 3~4일 정도 오후 3시에 출근하는데, 점심 먹기 전까지는 무언가를 해놔야 한다는 부담을 갖고 이것저것 일을 해두죠. 그래야 그 친구가 3시부터 6시까지 해야 할 자료 조사 업무가 생기잖아요. 점심은 혼자 나가서 먹고 저녁은 간단하게 먹는 편이에요. 사실 혼자서 점심을 먹는 건 코로나 시기에 생긴 버릇이에요. 그 전엔 보조 작가와 함

께 먹다가 이때부터 각자 먹고 만나게 됐는데, 그게 저한테
굉장히 좋다는 것을 깨달았어요. 메뉴 선정에 신경 쓸 시간
을 아낄 수 있고 식사하는 동안 일을 생각할 수 있으니까요.

쓰지 않는 삶과 쓰는 삶을 명확히 구분하기 위해 더더욱 작업
실에서 일하는 것을 선호하시겠어요.
——

그렇죠. 작업실이 집에서 버스로 그리 많은 시간이 걸리
지 않는 곳에 있어요. 보조 작가가 출근하기가 편하고, 스태
프들도 자주 만날 수 있고, 감독님이 지나가다가 들를 수 있
을 만한 위치를 찾다 보니 여기가 괜찮겠더라고요. 일주일에
5일 정도 이곳으로 출근하고, 마감이 급한 주에는 7일 내내
와요. 마지막 5일은 그냥 집을 내팽개치죠. (웃음) 중간중간
급한 민원이 들어오는 것을 제외하면 2~3일씩 집에 안 들어
갈 때도 있어요. 이것도 아이를 키우면서 점점 맞춰 나간 거
예요. 아이가 태어나고 직접 두세 시간마다 수유를 해야 할
땐 그 시간 단위로 일을 했고, 이모님이 아이를 돌봐주시게
된 후에는 9시부터 6시까지 일하는 스케줄을 만들었어요. 그
때가 〈아가씨〉 시나리오 쓸 때였습니다. 〈마더〉는 마감을 지
키기 위해 저녁 7~8시까지, 종종 9시까지 썼어요. 〈작은 아
씨들〉을 쓰면서 작업실을 서울로 옮겼는데, 마감 때 집에 들
어가지 않는 건 지난 1~2년간 생긴 버릇이에요. 이렇게 안
했으면 시간을 못 맞췄을 거예요.

아무래도 '마감'이 중요한 직업군에 종사하고 있으니까요. 데 드라인을 맞추기 위해 매일 목표로 삼은 분량이 있나요.

———

목표치는 없어요. 결국 집중하기 위해서는 시간이 필요 한데 그게 며칠씩 걸릴 때도 있거든요. 초조해하지 않고 문 밖에서 계속 배회해요. 그러다가 성공적으로 문을 열고 길을 찾으면 그때부터는 더 많이 쓸 수 있어요. 그리고 **'많은 일, 많 은 일, 많은 일'의 페이스로 글을 쓰진 않아요. 그날 일을 많이 하지 못 했다면 저녁까지 남아서 어떻게든 따라잡으려고 하고, 진도가 많이 나 간 다음날엔 아이디어를 모으고 씨를 뿌리는 작업을 하죠.** 그렇게 준 비가 되어 있으면 그 다음날 아침부터 일이 수월하게 풀릴 수 있습니다.

모두의 이야기면서

개인의 이야기

시나리오 작가가 하는 일을 정확히 이해하지 못하는 사람들 도 있어요. 특히 영화의 경우 감독의 이름이 전면에 나서는 경우가 많아서 더욱 그런 것 같고요.

초조해하지 않고

문밖에서 계속 배회해요.

그러다가 성공적으로
문을 열고 길을 찾으면

그때부터는
더 많이 쓸 수 있어요.

가장 흔한 오해가 '대사를 쓰는 사람'이라는 거예요. 배우들에게 그런 인사도 자주 들어요. "좋은 대사 써주셔서 감사합니다." 물론 그런 말을 들으면 기쁘죠. 그런데 사실 대사는 누군가 언제든 바꿀 수 있거든요. 제 생각에 시나리오 작가가 하는 가장 중요한 일은 구조물을 만드는 거예요. 영화라는 집, 드라마라는 집을 어떤 바탕을 갖고 어떤 기둥을 세우고 어느 정도 면적과 높이로 지을 것인지 설계도를 만드는 사람입니다.

처음 아이디어를 떠올리고 목적지를 향해 달려가는 과정을 수행하는 거네요. 그렇다면 작가님의 작품은 어떻게 시작되는 편입니까.

다양한 원천이 있지만, 지금 쓰고 있는 〈북극성〉(강동원, 전지현 주연)의 시작은 김희원 감독이었어요. 김희원 감독은 자기 인생을 바쳐서 드라마를 만드는 사람인데, 〈작은 아씨들〉이 그의 모든 것을 걸 수 있는 작품이었는지 회의감이 있었거든요. 내가 하고 싶은 이야기를 배우와 스태프들이 모든 걸 바쳐 찍어줬으니, 이번엔 내가 김희원 감독이 자신의 모든 것을 걸고 만들 만한 가치 있는 이야기를 써야겠다고 생각했어요. 그래서 김희원 감독이 좋아하는 요소들을 엮어서 만들고 있어요. 애니메이션 〈암굴왕〉처럼 음모가 있는 스토리를 좋아하고, 또 남녀 간의 육체적인 사랑에 굉장히 관심이 많은 분이거든요. (웃음) 그리고 배우에게 필요한 부분을 채워주는, 배우들을 위한 캐릭터를 만들고 싶다는 생각으로 초기 단계부터 작업하고 있습니다.

이제는 드라마와 영화, 양쪽 무대를 모두 오가는 작가가 되셨어요. 드라마의 이야기를 만드는 작업은 영화와 비교했을 때 어떤 차이가 있습니까.
—

굉장히 다양한 작가들이 다양한 레벨에서 일을 하고 있어서 일반화할 수는 없지만, 오리지널 영화 시나리오의 경우 감독 혹은 제작자가 주도한 기획에 시나리오 작가가 붙어서 설계도를 함께 만들어가는 작업을 합니다. 작가가 직접 영화를 기획하는 일은 그다지 많지 않고 공모전 당선작이 그나마 가까운 형태일 텐데, 제작자가 중간에 끼어들어 수정을 많이 거치면 작가보다는 제작자의 영화가 될 거예요. 드라마 같은 경우 작가가 하는 일이 훨씬 많죠. 대부분 작가가 처음부터 끝까지 기획하고 씁니다. 처음 아이디어부터 어떠한 경로를 거쳐 어떤 목적지로 향해 가는 작품인지 구상해봐야 대체로 일이 시작될 수 있어요. 캐스팅에 대한 논의나 배우 미팅도 작가가 함께 진행해요. 이야기와 캐릭터의 개요를 설명해줘야 하니까요.

드라마 작가는 거미가 실을 잣는 것처럼 내중이 함께 꾸는 꿈과 함께하는 생각을 만드는 사람 같아요. 우리는 각자 다른 꿈을 꾸지만, 그중 하나에 지금 사람들이 가장 많이 느끼는 감정이나 필요한 삶의 조건을 반영할 수 있잖아요. 우리 모두가 한 사람이라면 꾸는 꿈은 무엇이 될 수 있을까? 사람들이 무엇을 원하고, 무엇을 꺼내서 보고 싶어 할까? 거기에 맞는 이야기는 무엇일까? 드라마처럼 커다란 이야기는 이렇게 시작하는 것 같아요. 그런데 영화는 조금 달라요. 한 사람의 깊은 꿈을 더 많이 생각하게 돼요. 드라마는 밝은 곳에서 다른 사람과 대화를 나누면서 볼 수 있지만, 영화는 사람이 많은 극장에서 봐도 결국 개인적이잖아요.

> 〈작은 아씨들〉은 동명의 원작 소설에 기반을 뒀지만, 원형으로 거슬러 올라가면 《분홍신》 《푸른 수염》이 나온다는 말씀을 하신 적이 있어요. 〈마더〉는 《헨젤과 그레텔》, 〈헤어질 결심〉은 《인어공주》 모티브로 이해할 수 있다고도 했고요.
>
> ---

제가 쓰는 이야기를 이해하려고 노력할 때, 이 이야기는 분명 어떤 카테고리로 분류될 수 있다고 생각해요. 어떤 이야기든 제가 처음 다루는 것일 리가 없고, 분명 제가 반복하는 모티브가 있을 테니까요. 그렇게 원형이 되는 동화를 찾으면 겉으로 볼 때는 알아차리지 못했던 더 큰 문제와 대본이 앞으로 나아갈 길을 먼저 알 수 있어요.

원형이 되는 동화를 떠올려보고, 배우의 얼굴을 떠올리며 상상력을 발휘해봐도 아이디어가 잘 떠오르지 않을 때가 있을 수 있잖아요. 어떻게 대처하는 편입니까.

———

제가 외부에서 받는 압박이 점점 커지고 있기 때문에 오히려 짐을 추가로 얹지 않으려고 노력해요. 시나리오를 쓰다 보면 한 개인이 감당하기에 정신적으로 힘든 순간이 너무 많거든요. 이건 다른 사람, 심지어 보조 작가와도 나눌 수 없는 문제예요. **저에게 아무것도 강요하지 않고, 더 잘하라고 다그치지도 않고 어린아이처럼 하고 싶은 대로 그냥 둬요. 어떻게 해야 할지 아직 나 자신도 모르는 상태니까 '시나리오를 쓰지 못하고 있다' '집중이 안 된다'라고 생각하지 않습니다.** 보편적으로 굉장히 좋은 작가가 될 자신은 없지만, 지금 이 작품은 다른 누구도 쓸 수 없고 내가 제일 잘 쓸 수 있다고 생각해요. 가령 3부 대본이 잘 안 나와요. 1~2부의 이야기가 끝나고 5~6부의 이야기를 준비하는 중요한 갈림길이니까 당연히 시간이 걸리는 거죠. 누가 해도 시간이 걸릴 거예요. 그렇다면 내가 못하는 게 아니라 3부가 그만큼 복잡한 것이고, 그렇다면 왜 어려운지 근본적인 문제를 파악하려고 합니다.

발상의 출발점과

도착지까지

작가님의 시나리오는 갑자기 엉뚱하게 들어가는 설정들이 재미있는 것 같아요. 그런 발상은 어떤 과정을 거쳐 구현되는 건가요? 이를테면 〈헤어질 결심〉에 애플 워치를 비롯한 스마트 기기가 등장하며 탄생하는 독특한 연출이 있지요.

___

평소 우리가 살아가면서 스마트 기기 액정을 너무 많이 보잖아요. 그를 통해서 사람의 얼굴을 볼 때도 많고요. 그래서 이것저것 집어넣었는데 박찬욱 감독님이 "이거 다 어떻게 할 거냐"라고 하셨어요. 스태프들이 지금까지 했던 작품 중에 스마트 기기가 제일 많이 나온다고 했다면서. (웃음) 물론 서래(탕웨이)가 하는 것처럼 애플 워치로 음성 녹음이 쉽게 되진 않지만 아예 불가능하지는 않으니까 영화에 쓴 거예요. 〈그녀Her〉만 해도 벌써 10년이 다 되가는 영화인데, 그 영화에서 벌어지는 일이 자연스럽게 느껴지잖아요. 충분히 괜찮을 거라고 생각했어요. 영화 개봉 후에 스마트 기기에 대한 이야기가 많이 나오는 것을 보고 그 얘기를 또 감독님에게 했죠. 관객이 이렇게까지 스마트 기기의 존재를 크게 알아줄 줄 몰랐어요.

서래의 외조부가 독립운동가였다는 설정도 너무 뜬금없어서 재밌더라고요.

제가 시나리오에서 볼 때마다 웃었던 신이에요. 국가보훈처 홈페이지를 보면 독립운동가들의 이름과 출신이 쓰여 있어요. 마치 그분들을 지역 특산물처럼 설명하는 풍경이 흥미롭다고 생각했어요. 원래 수완(고경표)이 계봉석 씨(서래 외조부)의 정체를 알아내는 이야기도 있었는데 영화가 너무 길어져서 빠졌어요.

사실 〈헤어질 결심〉의 기도수(서래 남편)가 말러를 좋아하는 설정은 말러를 좋아하는 것으로 유명한 박찬욱 감독님의 지분인 줄 알았습니다.

제가 쓴 부분이에요. 남들이 아는 정도로만 알지 원래 좋아하던 음악가도 아니었어요. '기도수가 높은 산에 올라가서 듣는 음악이다. 높이? 그럼 말러지!' 오래 생각하고 쓴 설정은 아니에요. 그렇게 쓴 시나리오를 보냈더니 박찬욱 감독님한테 전화가 왔어요. "무슨 생각으로 이렇게 쓴 거야?" "높이 올라간다면 말러 아닐까요? 뭔가… 희박한 공기?" 박찬욱 감독님이 다른 음악가를 찾아본다고 했는데 결국 못 찾았어요. 그렇게 기도수가 말러를 듣게 됐죠. 저는 데이터가 없는 이야기는 쓰지 않는다니까요. (웃음)

그렇게 작가님이 갖고 있는 데이터에서 출발한 설정이 또 있
을까요.

—

계봉석 씨 캐릭터는 마치 독립운동가들을 어떤 지역의
특산물처럼 설명하는 것을 보고 만들었다고 말씀드렸잖아
요. 인간은 농산물처럼 누군가는 산에서, 누군가는 바다에서
왔다고 분류할 수 있다고 생각해요. 《산해경》처럼요. MBTI
보다 훨씬 그 사람의 근본적인 성격을 보여줄 수 있어요. 저
는 이른바 '산악 문학'과 산에 관한 다큐멘터리를 좋아하는,
산에서 온 사람일 거예요. 반면 낚시 방송을 좋아하는 저희
남편은 바다에서 온 사람이겠죠. 박찬욱 감독님도 줄기차게
바다를 좋아한다고 했고요. 서래는 바다에서 온 사람인데 산
에서 잘못 태어나는 바람에 적응을 못 한 거예요. 그래서 그
녀가 원래 자신이 살았어야 하는 곳에서 죽기 위해 굳이 바
다까지 오는 거죠.

아, 그리고 서래가 갖고 있다는 땅 이야기 있잖아요. 그거
저희 집안에서 일어난 일이에요. (웃음) 아버지가 30년 전 모
르는 사람과 함께 산을 샀는데, 그 산은 절대 팔리지 않을 산
이었어요. 30년 동안 가격이 똑같았거든요. 그런데 같이 산
을 산 분이 임종을 앞두게 되면서, 그걸 저희가 사야 하는 상
황이 됐어요. 정말 불안하고 사기를 당한 것 같았지만(웃음),
저는 그 산을 생각하면 기분이 좋았어요. 한 번도 간 적은 없
지만 내게는… 산이 있다!

—

원래 트리트먼트에는 호미산 얘기가 없었어요. 그런데 에피소드를 연결시키다 보니 클라이맥스가 없는 거예요. 그때 산을 떠올렸어요. 나에게 있는, 금전적 가치는 없지만 생각하면 기분이 좋아지는 바로 그 산…! 그렇게 호미산 얘기를 넣으니까 박찬욱 감독님이 그러더라고요. "초고 잘 읽었어. 재밌더라. 그런데 서래가 갑자기 왜 산으로 가는 거야?" 의아해하시더라고요. 이 말은 "이야기가 왜 산으로 가는 거야?"라는 말이기도 했죠. (웃음) 초반엔 산 이야기가 사라질 위기도 있었어요. 그런데 나중에는 그 산이 꼭 필요하게 됐다고 하시더라고요. 사람들이 영화에 나오는 산을 좋아하고, 스토리를 풀기 위해서는 꼭 필요한 요소가 됐다고. 그래서 생각했어요. 우리는 그 산을 사기당한 게 아니었구나. 얼마 안 되는 돈으로 이야기를 샀으니까 본전 이상을 하게 된 거라고 말이에요.

읽고 공부한 것들이

만드는 디테일

원래 서울대학교 철학과를 다니다가 중퇴 후 한국예술종합학교 영상원에 시나리오 전공으로 다시 입학했어요. 그동안 작가로서 역량을 기르기 위해 어떤 노력을 해왔는지 궁금해요.

대학에 다닐 때는 공부는 안 하고 아침부터 저녁까지 책을 쌓아놓고 읽었어요. 그땐 픽션을 열심히 읽었어요. 그리고 한예종 영상원에 갔는데, 나는 좋은 작가가 될 수 없을 것 같다며 절망했었어요. 대신 교양인이 되어야겠다고 생각했죠. (웃음) 학교에서 유일하게 재미있던 수업이 미술사였어요. 영화사 수업은 그리 흥미를 못 느꼈지만 지하에 있는 비디오실에서 영화를 엄청 빌려다 봤어요. 〈미싱 타는 여자들〉의 김정영 감독이 당시 조교였는데, 그분과 별별 얘기를 다하면서 진짜 많은 작품을 봤어요. 로베르 브레송, 장 뤽 고다르, 잉그마르 베르히만 감독의 영화를 그때 다 봤어요.

그리고 큰 아이 돌이 지나서야 제가 집 밖에 나올 수 있었으니까 아마 2009년 말이었을 거예요. 심지어 시나리오를 쓰지 않는 날도 도서관에 출근해서 오전 9시부터 오후 6시까지 책을 읽었어요. 그땐 왜 그렇게 정치가들의 자서전을 많

"가령 주인공이 해외에서 몇 번의 전투에 참여한 군인이라는 설정이라면, 그 전투에 대해 알아둬야 나중에 그 지식이 필요할 때 적절하게 대응할 수 있어요. 첩보물을 쓴다면 첩보 조직에 대해 알아야 하니까 CIA의 시작부터 현재를 파악해야 하고, 북한이 등장한다면 북한에 대해서 되도록 많이 알아놔야겠죠. 이를테면 유명 정치인들의 회고록이나 자서전, 예를 들면 《결정의 순간》《최고의 영예》《비커밍》 등을 읽는다고 이게 드라마에 등장하는 건 아닌데, 알고는 있어야 할 것 같은 거죠."

이 읽었던 걸까요? (웃음) 사회물을 쓸 때 관련 지식이 필요한데 제가 그 부분에 약하다고 생각했나 봐요. 범죄물 장르 집필에 필요한 법의학 책도 많이 봤어요. 요즘엔 과학책을 많이 읽는데 너무 재밌어요. 저희 집 아이가 둘 다 이과인데, 어쩌면 저도 이과의 피가 흘렀던 걸까요? (웃음) **그때 읽었던 책들 덕분에 지금 이런저런 시나리오를 쓰고 있는 것 같아요.** 강준만 저자의 《한국 현대사 산책》을 정말 재미있게 읽었는데 그게 〈작은 아씨들〉로 이어지기도 했죠.

책에서 지식과 영감을 얻는 편이신 것 같아요. 새로운 구조물을 만들기 위해서는 기본적으로 방대한 자료 조사가 필요한데, 이 역시 활자를 이용하는 편입니까.

———

다큐멘터리를 찾아보는 사람은 영상으로 생각하는 유형이고, 저는 문자의 연속된 형태가 기억에 더 남는 타입인가 봐요. 그래서 주로 책을 읽어요. 이상하게 인터넷 자료를 보면 기억에 잘 안 남더라고요. 맥락이 없어서 그런가. **반면 책은 처음과 끝이 있고 디테일에서 디테일을 따라가다 보면 발견할 수 있는 것들이 많아요.** 〈작은 아씨들〉 때 보조 작가는 저에게 맞게 인터넷 자료를 잘 정리해줬고, 지금 새로 들어온 친구는 인터넷 검색뿐만 아니라 제가 읽는 책도 열심히 읽더라고요. 같은 책을 읽고 저와 대화를 하려는 것 같은데, 이것도 괜찮은 방법 같아요. 그런데 하나하나 깊이 공부하는 건 아니에요. (웃음) **오늘**

공부한 걸 내일 쓴다는 생각으로 필요한 지식을 급속도로 흡수합니다.

장르 문법은 영화나 드라마를 통해 배울 수 있는 경우가 많은데 어떤가요.

———

원래 첩보물을 좋아하지 않고 잘 몰랐거든요. 사실 〈북극성〉을 준비하면서 일종의 시나리오 연구소를 급히 만들어서너 번 세미나를 했어요. 멤버는 현 보조 작가, 전 보조 작가, 전전 보조 작가, 그리고 〈작은 아씨들〉 조연출…. (웃음) 첩보물의 특징을 함께 공부해보자며 무척 열심히 했는데, 굉장히 많은 도움을 받았습니다. 첩보와 육체적 사랑, 첩보와 역사, 첩보와 액션…. 이렇게 3~4주 동안 주제를 잡았어요. 그리고 각자 영화를 보고 온 후 이들의 공통점과 개별 작품의 특성에 대해 이야기를 나눴어요. 이건 오늘내일 일하면서 곧바로 써먹어야 할 실용적인 지식이잖아요. 학생 때보다 더 재밌더라고요.

자료 조사한 내용을 정리하고 아이디어를 기록할 땐 어떤 툴을 씁니까.

———

제가 읽었던 책에서 필요한 부분을 인용할 때 내용이 틀리면 안 되니까 중요한 건 따로 노트 앱에 정리해요. 저의 이 소중한 글 모음을 누가 해킹해서 가져가면 저는 망해요. (웃

음) 아이디어는 대체로 기록하지 않습니다. **제 나름대로의 지론이 있어요. 아이디어를 기록하면 기록한 그 크기로만 남아 있고, 기록하지 않으면 계속 자라날 수 있다는. 아이디어는 계속 떠오르는 것이고, 좋은 아이디어는 살아남아 내일도 모레도 이어질 수 있어요.** 처음엔 재미있었는데 본질적이지 않은 아이디어는 저절로 탈락해요. 그래서 그냥 놔둬요.

누군가를 위한 시간이 있는
사람의 이야기는 다르다

육아를 병행하고 계시잖아요. 아이를 키우다 보면 업무에 온전히 몰입할 수 없는 순간도 오지 않나요.

아이들을 키우다 보면 시시때때로 전화가 와요. 애 학교에서 전화가 오면 심장이 막 떨려요. 그렇다 보니 스트레스는 그냥 제 일상이고, 없애야 할 게 아니라 하루 일과에 당연히 포함되어 있다고 생각해요. 가장 일하기 힘들 때 중 하나가 남편과 싸웠을 때인데 그것도 디폴트로 포함되어 있죠. 이런 시간이 없어진다면 과연 더 생산적인 일을 할 수 있을까요? 아니죠. 자기만 생각하는 사람이 만드는 이야기와 누군가를 위해 시간을 쓰는 사람이 만드는 이야기는 다르지 않을까요. **이야기에는 나를 위한 부분도, 누군가를 위해 남겨놓은 부분도, 특정 인물을 생각하며 쓴 부분도 있을 것 같거든요. 결국 제 생활의 어떤 부분은 다른 사람을 위해 쓰이게 되어 있어요. 저는 여러 가지 비율이 잘 맞아야 균형감이 생긴다고 믿는 쪽입니다.**

그리고 오늘 아침에 그런 생각을 했어요. 주말 내내 제가 아이들을 위해 시간을 보냈다고 생각했는데, 아이들이 나를 위해 많은 시간을 내어준 것이기도 하거든요. 이 점을 생각하면서 저의 주말을 나눠서 쓰려고 해요.

삶이 일에만 매몰되지 않도록 나 자신의 일상을 잘 지켜야겠네요.
—

마감이 급할 때는 일주일 내내 작업실에 오지만, 한 달 중 2주 정도는 아이들과 주말을 보내요. 작업실에서는 일을 할 수 있는 머리를 만들기 위해 워킹패드 위를 걷고 씻기도 하지만, 집에 가면 굳이 그런 노력이 필요 없어요. 들어가자마자 여기저기서 제가 해야 할 일이 밀려드니까요. (웃음) 집에 가면 코트 주머니에서 핸드폰도 꺼내지 않고 가족과의 시간에 집중해서 아침마다 핸드폰이 어디 있나 찾아다닐 정도예요. TV도 안 보고 영화도 안 보고 아이들이 하는 얘기를 듣는데, 무슨 얘기를 해도 재밌어요. 어른들은 듣기 좋은 말, 예

자기만
생각하는 사람이
만드는 이야기와

누군가를 위해
시간을 쓰는 사람이
만드는 이야기는

다르지 않을까요.

상 가능한 얘기를 하지만 아이들은 듣도 보도 못한 이야기를 하니까요.

어느 시나리오 작가에게 이런 말을 들은 적이 있어요. 처음 초고를 쓰는 것보다 2고, 3고, 끊임없이 피드백을 받고 수정하는 과정이 더 길고 어렵다고요.

시나리오 작가에게 가장 중요한 것은 코멘트를 받으면 그것을 받아들이고 이를 바탕으로 다시 이야기를 이어가는 일이라고 생각해요. 제가 코멘트를 듣는 사람은 전부 제가 신뢰하는 분들이고, 그렇지 않은 분들의 코멘트는 듣지 않아요. 시나리오 자체를 많이 돌리지도 않고요. 저와 다른 눈을 갖고 제가 캐치하지 못한 부분을 발견할 수 있는 분에게 의견을 구하는 것이니까 그의 말은 다 맞다고 생각할 수밖에 없어요. 그런데 맞다는 것에도 여러 가지 의미가 있잖아요. 좀 더 깊은 맥락의 이야기가 될 수도 있고, 디테일의 지적일 수도 있어요. 토론할 필요가 있는 문제도, 필요 없는 문제도 있는데, **대체로는 이 사람이 왜 이런 말을 했는지 생각해봅니다. 어떠한 의미에서든 코멘트를 반영하고 이야기를 계속 이어나가요.** 그리고 저는 박찬욱 감독님과 오래 일을 함께 해서인지 감독님들과 어떻게 의견을 조율할지에 대해 생각을 많이 해요. 어떤 식으로 표현하는 게 저 사람에게 베스트일까? 감독에겐 본인이 잘하는 것과 하고 싶은 것이 있잖아요. 거기에 맞는 것을 해야 서로에게 편해요. 아이를 키우는 것과 비슷한 것 같아요. 건축가가 되고 싶은 아이에게 의사가 되라고 강요할 수는 없는 것처럼요.

영화나 드라마 업계는 인맥이 중요하다고 많이들 이야기하잖아요. 다른 업계분들과 활발하게 관계를 쌓는 편입니까.
———

음… 교류하지 않아요. (기자 : 김희원 감독, 류성희 미술감독, 박찬욱 감독이랑 가까우시잖아요.) 그냥 그 세 명이랑 만나는 것 같네요. (웃음) 저는 그 사람들을 통해 다른 사람과 간접적으로 연결돼요. 이번에 〈작은 아씨들〉을 하면서 어느 때보다 제가 드라마인이라는 생각이 들었어요. 김희원 감독은 수많은 사람을 만나고 자신이 했던 경험을 고스란히 지혜의 형태로 남겨놓는 사람이에요. 드라마인이라는 정체성을 지녔음은 물론 드라마인에게 필요한 모든 시스템을 체험한 사람이기 때문에 이 사람과 보내는 시간이 제 자신을 드라마인으로 만들어줬어요. 한편으로 제가 10년 넘게 충무로에서 일하면서, 박찬욱 감독님에게서 배우고 공유했던 것을 김희원 감독과 나누고 있어요. 김희원 감독은 박찬욱 감독님을 한 번도 만난 적이 없지만 두 사람은 어떻게든 만나서 함께 작업하고 있는 거예요. 그런 게 참 좋았어요.

대체로 어떤 분들과 성향이 잘 맞는 것 같으세요.

그 부분은 직접 일을 해봐야 알 수 있죠. 김희원 감독과 처음 레스토랑에서 만나서 인사하는 자리였어요. 앉자마자 "제가 생각하는 이 대본의 문제는요." 하면서 말을 시작하는 거예요. 그때 저와 영혼이 연결되어 있다고 느꼈어요. 그리고 왠지 이분이 나를 좋아하게 될 거라는 생각이 들었어요. (웃음) 김희원 감독처럼 사람을 많이 만나는 부류에겐 저처럼 사람을 잘 안 만나는 인간이 필요해요. 그러니까 사람을 만나지 않아도 할 수 있는 일을 하는 사람! 박찬욱 감독님은 김희원 감독과는 조금 다르죠. 감독님은 사람 만나는 일을 힘들게 힘들게 해내면서 제가 할 수 없는 일들을 해주고 있지만 원래 저랑 너무 비슷한 사람이에요. (웃음)

　〈작은 아씨들〉이 끝나고 김희원 감독과 서로 잘 아는 부분이 생겼기 때문에 〈북극성〉을 할 때는 우리에게 맞는 제작 구조를 찾기 위해 스태프 구성도 함께 상의했어요. 일을 하다 보면 어떤 사람과는 잘 맞고 어떤 사람과는 힘들 수 있잖아요. 잘 맞는 사람들을 모아놓고 보면 그들이 지향하는 바가 보인다고 생각해요. 그리고 이번 작품은 그런 사람들을 모으려고 노력하고 있습니다.

정서경 작가가 자료 조사를 하면서
모아둔 인용 메모들

¶ 신화집《산해경》 중에서

··· **1.** 남산경의 첫머리는 작산이라는 곳이다. 작산의 첫머리는 소요산이라는 곳인데 서해변에 임해 있으며 계수나무가 많이 자라고 금과 옥이 많이 난다. 이곳의 어떤 풀은 생김새가 부추 같은데 푸른 꽃이 핀다. 이름을 축여라고 하며 이것을 먹으면 배가 고프지 않다. 이곳의 어떤 나무는 생김새가 닥나무 같은데 결이 검고 빛이 사방을 미춘다. 이름을 미곡이라고 하며 이것을 몸에 차면 길을 잃지 않는다. 이곳의 어떤 짐승은 생김새가 긴꼬리원숭이 같은데 귀가 희고 기어 다니다가 사람같이 달리기도 한다. 이름을 성성이라고 하며 이것을 먹으면 달음박질을 잘하게 된다. 여궤수가 여기에서 나와 서쪽으로 바다에 흘러드는데 그 속에는 육패가 많고 이것을 몸에 차면 기생충병이 없어진다.

··· **2.** 다시 동쪽으로 300리를 가면 당정산이라는 곳인데 재염나무가 많이 자라고 흰 원숭이가 많이 살며 수정과 황금이 많이 난다.

… 3. 다시 동쪽으로 380리를 가면 원익산이라는 곳인데 산속에는 괴상한 짐승이 많이 살고 물에는 괴상한 고기와 백옥이 많으며 살무사와 괴상한 뱀, 괴상한 나무들이 많아서 올라갈 수가 없다.

… 4. 다시 동쪽으로 370리를 가면 유양산이라는 곳인데 그남쪽에서는 붉은 금이 북쪽에서는 백금이 많이 난다. 이곳의 어떤 짐승은 생김새가 말 같은데 머리가 희고 호랑이 무늬에 꼬리가 붉으며 소리는 노래를 부르는 것 같다. 이름을 녹촉이라고 하며 이것을 몸에 차면 자손이 번창한다. 괴수가 여기에서 나와 동쪽으로 헌익수에 흘러든다. 그곳에는 검은 거북이 많이 사는데 생김새는 거북 같으나 새의 머리에 살무사 꼬리를 하고 있다. 이름을 선구라고 하며 소리는 나무를 쪼개는 듯하고 이것을 몸에 차면 귀가 먹지 않고 발이 부르튼 것을 낫게 할 수 있다.

… 5. 다시 동쪽으로 300리를 가면 저산이라는 곳인데 물은 많지만 초목이 자라지 않는다. 이곳의 어떤 물고기는 생김새가 소 같은데 높은 언덕에 살고 있다. 뱀꼬리에 날개가 있으며 그 깃은 겨드랑이 밑에 있는데 소리는 유우와 같다. 이름을 육이라고 하며 겨울이면 죽었다가 여름이 되면 다시 살아나고 이것을 먹으면 종기가 없어진다.

… **6.** 다시 동쪽으로 300리를 가면 단원산이라는 곳인데 물은 많으나 초목이 자라지 않고 올라갈 수가 없다. 이곳의 어떤 짐승은 생김새가 너구리 같은데 갈기가 있다. 이름을 유라고 하며 저 홀로 암수를 이루고 이것을 먹으면 질투하지 않게 된다.

… **7.** 다시 동쪽으로 300리를 가면 기산이라는 곳인데 그 남쪽에서는 옥이 많이 나고 북쪽에서는 괴상한 나무들이 많이 자란다. 이곳의 어떤 짐승은 생김새가 양 같은데 아홉 개의 꼬리와 네 개의 귀를 갖고 있고 눈은 등 뒤에 붙어 있다. 그 이름을 박이라고 하며 이것을 몸에 차면 두려움이 없어진다. 이곳의 어떤 새는 생김새가 닭 같은데 세 개의 머리와 여섯 개의 눈, 여섯 개의 발과 세 개의 날개를 갖고 있다. 그 이름을 창부라고 하며 이것을 먹으면 잠이 없어진다. *(잠을 잘 수 있는 무언가 – 마지막에는 해준이 산해경을 써야 할 것 같은 느낌)*

… **8.** 다시 동쪽으로 300리를 가면 청구산이라는 곳인데 그 남쪽에서는 옥이, 북쪽에서는 청호가 많이 난다. 이곳의 어떤 짐승은 생김새가 여우 같은데 아홉 개의 꼬리가 있으며 그 소리는 마치 어린애 같고 사람을 잘 잡아먹는다. 이것을 먹으면 요사스러운 기운에 빠지지 않는다. *(해준이 서래에 대해 쓸 때. 그녀는 그렇게 사라졌다는 내용으로. 처음부터 없었던 것처럼 사라진다.)* 이것의 어떤 새는 생김새가 비둘기 같은데 소리는 마치 꾸짖는 것

같다. 이름을 관관이라 하며 이것을 몸에 차면 미혹되지 않는다. 영수가 여기에서 나와 남쪽으로 즉 익택에 흘러든다. 그 속에는 적유가 많이 사는데 생김새는 물고기 같으나 사람의 얼굴을 하고 있고 소리는 원앙새와 같다. 이것을 먹으면 옴에 걸리지 않는다.

몰입의
기질을

발휘한다는 것

정지인 PD

어릴 때부터 늘 무언가에 빠져 있던 성향이 영상 매체에 대한 애정으로 이어졌다. 매거진 〈무비위크〉 취재기자로 1년 정도 일하다가 2006년 MBC 드라마국에 입사했다. 드라마 〈빛나는 로맨스〉〈내일도 승리〉〈자체발광 오피스〉 등을 거쳐 만난 첫 사극 연출작 〈옷소매 붉은 끝동〉이 최고 시청률 17.4%를 기록했다.

정지인 PD는 늘 어딘가에 몰두해 있다. 처음 그를 만났을 땐 로맨스 판타지 웹소설을 읽는 게 그의 삶의 낙이라고 했고, 두 번째 만났을 땐 BL 장르에 관해 밤새도록 수다를 떨었다. 가장 최근에 그가 빠져 있던 '덕질' 대상은 영화 〈더 퍼스트 슬램덩크〉다. 극장에서 두 달 만에 무려 12번을 봤고, 굿즈도 모으고 있다. 어렸을 때부터 만화책 《슬램덩크》도 좋아했기 때문에 기존에 소장하고 있던 구판에 이어 신장재편판과 완전판까지 샀단다. 그렇게 하나에 깊이 몰입하는 정지인 PD의 기질이 일터에서 성공적으로 발휘된 사례가 바로 드라마 〈옷소매 붉은 끝동〉이다.

〈옷소매 붉은 끝동〉은 이산/정조(이준호)의 승은을 두 번이나 거절했던 덕임/의빈 성씨(이세영)의 삶으로부터 가장 억압적인 세계에서 가장 주체적이고자 했던 여성을 발견한 작품이다. 5년 전, 정지인 PD가 로맨스 웹소설을 좋아한다는 사실을 알고 있던 후배 기획 PD가 원작 소설을 추천했고, 2019년 초부터 본격적인 기획 및 대본 작업을 시작했다. 사극은 기본적으로 봐야할 사료가 많을 뿐더러 디테일을 파기 시작하면 한도 끝도 없이 업무량이 늘어날 수 있는 장르다. 정지인 PD는 기획 PD나 작가들이 정리한 자료에 안주하지 않고 직접 《정조 어찰첩》을 구해 읽는 유형의 창작자다. 타고난 성정이 한번 파면 끝을 봐야 하기 때문이다. 실제로 정지인 PD는 문화재청과 국립중앙박물관에서 직접 찾은 자료로 조선시대 건축을 공부하며 실제 고증과 새로운 사극 미술의 접점을 어떻게 찾아나갈 수 있을지 고민했다.

또한 덕임의 감정을 크게 세 가지, '산을 지키고자 한다' '산을 보위에 올리고자 한다' '산을 사랑한다'로 구성한다는 것을 염두에 두고 회차별로 어떻게 캐릭터의 감정을 변화시켜야 하는지 뼈대를 잡는 작업을 선행했다. 로맨스 장르에서 연인의 마음을 받아주지 않는 여자에게 '답답하다'고 반응하는 사례가 적지 않은 점을 감안할 때, 덕임은 궁녀로서 그가 지닌 입체성을 설득하는 동시에 성공적인 멜로물 캐릭터였다. 한편 원작 소설에는 덕임이 승은을 입을 때 이산이 동의를 구하는 설정이 없다. 지금 사회에서는 불편하게 받아들여질 수 있다는 고민 끝에 이런 신을 넣었다. 그리고 〈옷소매 붉은 끝동〉은 대중문화 영역에서 여러 번 각색됐던 정조와 의빈 성씨의 이야기를 독창적으로 재해석하면서 시청률과 작품성 면에서 모두 성공한 드라마가 됐다. 이후 〈옷소매 붉은 끝동〉은 제34회 한국PD대상 시상식에서 대상에 해당하는 '올해의 PD상'을 받았고, 사극 연출자가 이 상을 받은 것은 〈태조 왕건〉의 김종선 PD 이후 20년 만이다.

현재 정지인 PD는 동명의 원작 웹툰을 각색한 드라마 〈정년이〉를 준비하고 있다. 한국전쟁이 끝난 직후, 소리 하나만큼은 타고난 소녀 정년의 여성국극단 입성과 성장기를 다룬 작품으로, 최근 창극으로도 만들어져 화제가 됐다. 요즘 그는 1950년대 한국의 시공간과 여성국극단의 세계를 시각화하기 위해 관련된 역사서들을 탐독하고 있다. 정지인 PD는 "의식적으로 사극 연출 제안은 거절하고 있었는데, 〈정년이〉는 꼭 하고 싶었다"라고 전한다. 이른바 '덕후 DNA'와 하나에 몰입하는 집중력 그리고 이야기를 보는 섬세함까지 갖춘 그에게는 본능적으로 이끌리는 프로젝트였을지도 모르겠다. 한창 〈정년이〉 프리 프로덕션을 진행 중인 정지인 PD에게 만남을 청해, 그의 어떤 기질이 창작자로서의 정체성으로 이어지고 작품의 결과물에 반영되고 있는지 들었다.

요즘은 김태리 주연의 〈정년이〉를 준비하고 계시죠? 연락 드
렸을 때 드라마에 촬영 들어가기도 전에 흰머리가 생길 것 같
다고 하셨어요. (웃음)

———

지난해 가을쯤 연출을 제안받은 작품이에요. 그 뒤로 함께
대본을 논의하면서 플랫폼과 편성 논의도 시작했어요. 대신
로케이션 헌팅 같은 프리 프로덕션이 오래 걸릴 것 같아요.

예전에는 4부까지 대본이 나오면 촬영에 들어가는 경우가 많
았는데, 요즘엔 훨씬 많은 회차 대본을 탈고해야 프리 프로덕
션에 들어가는 분위기라면서요. 그만큼 프리 프로덕션 단계
에서 감독이 해야 할 일도 많아졌겠어요.

———

요즘 드라마 시스템에서는 최소 8부에서 10부까지 대본
을 만들고 촬영에 들어가야 해요. 그러지 않으면 아예 스케줄
관리가 안 돼요. 〈정년이〉는 작가와 제작사, 배우와 상의하면
서 전 회차 대본을 완성한 뒤 촬영에 들어가기로 했어요. 〈옷
소매 붉은 끝동〉이 반 사전 제작이었다면 〈정년이〉는 전체

사전 제작을 하게 될 것 같아요. 다만 〈옷소매 붉은 끝동〉은 제가 기획부터 참여했다면 이번에는 제작사가 4부까지 대본을 만든 다음 저에게 연출을 제안한 경우거든요. 하지만 작가 그리고 제작사와 함께 드라마 내용을 상의하며 대본을 수정하는 과정은 똑같아요.

> 드라마 PD가 현장에서 연출만 하는 줄 아는 분들도 있지만 기획 단계부터 정말 많은 일을 하는 사람이죠.
> ⸺

기본적으로 작가와 함께 대본을 만들고 이를 바탕으로 배우를 캐스팅하고 스태프진을 꾸리는 일부터 시작하죠. 방송국 소속 드라마 PD가 먼저 기획을 했는데 회사에서 이를 채택하지 않는다면 오히려 외부 제작사와 협업한 뒤 다시 회사에 역제안하는 경우도 있고요. 방송국 소속이 아닌 드라마 PD는 제작사가 바로 프리랜서 PD와 논의한 뒤 OTT 등 플랫폼 편성을 알아보는 루트도 있어요. 〈정년이〉는 저한테 제안이 들어왔을 때부터 이미 전통음악을 현대적으로 재해석하는 작업을 꾸준히 해오셨던 장영규 음악감독님이 함께 하기로 얘기가 돼 있었는데, 이렇게 이미 일부 스태프가 구성되어 있는 경우도 있어요. 제가 이 스태프와는 반드시 함께했으면 좋겠다고 의견을 낼 때도 있지만, 요즘엔 작은 규모의 프로젝트가 아닌 이상 제작사와 상의해서 스태프를 정합니다. 그리고 현장에 나가서 촬영을 하죠. 편집이나 CG, 음향 같은 후반 작업까지 통솔해서 방송에 나갈 최종 완성본을 만드는 게 드라마 PD가 하는 일이에요. 경우에 따라 이미 만들어진 대본을 갖고 연출에 집중하는 사람도 있지만요.

영 감 을 위 한

단 절 의 시 간

드라마 PD는 아무래도 몰아서 일하고 몰아서 쉬는 노동 패턴이 자리 잡는 직업군이 아닐까 싶습니다.

———

저는 여전히 그렇게 하고 있어요. 지난해 1월 1일 〈옷소매 붉은 끝동〉이 끝나고 거의 1년 동안 팽팽 놀았어요. 2월 말 〈옷소매 붉은 끝동〉 감독판 블루레이의 편집을 끝낸 후 '제주도에서 한 달 살기'부터 시작했어요. 한 4월까지는 대본도 안 받았고요. 그 와중에도 회사에서 월급을 주니까 참 좋더라고요. (웃음) 이번에 제가 상대적으로 오래 쉰 편이고, 다른 PD들도 최소 두세 딜씩은 쉬는 것 같아요. 그런데 프리랜서로 일하는 선후배들을 보면 쉬지 않고 계속 일을 해요. 방송국 소속이 아닌 PD들은 템포 조절을 다르게 해야 할 거예요.

하나의 드라마를 준비하고 끝내는 데 걸리는 기간은 어느 정도라고 보면 될까요.

―

〈옷소매 붉은 끝동〉은 제가 하던 프로세스대로 했던 작품이에요. 1년 넘게 기획했고, 촬영 한두 달 전에 의상 피팅을 하면서 전체적인 톤 조절도 상의했죠. 촬영 시작과 동시에 편집이 시작됐고, 그에 맞춰 색보정과 같은 후반 작업도 함께 고민했어요. 드라마는 방송 날짜를 기준으로 작업하게 돼 있습니다. 그에 맞춰 CG팀이 최소한 필요한 시간이 얼마인지 알려주고, 그에 맞춰서 스케줄을 짜도록 돼 있어요. 어떻게든 기한에 맞춰서 작업을 해내는 거죠. TV 드라마 쪽은 항상 이렇게 일하는 데 익숙해요.

보통 성공한 사람들은 완벽하게 짜여진 루틴에 따라 살아간다는 환상이 있는데, 드라마 PD는 그런 유형의 인간이 되기는 어려운 직업이 아닐까 싶습니다. (웃음)

―

안 그래도 남편에게 물어봤어요. "내가 평소에 뭘 해?" "넌 맨날 누워 있어. 텔레비전 보거나 만화책 보거나." (웃음) 저는 뭔가를 정해두고 규칙적으로 하면서 살아가는 유형의 인간은 아니에요. 아! 그래도 살기 위해서 운동은 꾸준히 하고 있어요. 몇 년 전까지는 달리기를 했고, 웬만하면 회사에서 집까지 30분 정도의 거리는 걸어가고, 요즘엔 필라테스를 하고 있어요. 물론 촬영에 들어가면 적립해둔 체력이 복리로 없어지는 것 같긴 하지만요. 그밖에 놀 때는 그냥 노는 것에만 집중해요.

놀 땐 노는 것에만 집중해야 창작의 영감도 얻을 수 있는 거라고 생각해요. (웃음) 그렇다면 작품을 안 하고 노는 시기에 보통 어떻게 시간을 보내나요.

———

한 작품을 끝내고 나면 일종의 단절이 필요한데, 이번에 제주도에서 쉬면서 리디북스와 카카오페이지에서 웹소설과 웹툰만 봤어요. 〈옷소매 붉은 끝동〉 편성이 엎어졌을 때 저를 위로한 것도 《상수리나무 아래》와 넷플릭스 〈브리저튼〉 시즌 1이었답니다. (웃음) 얼마 전에 《상수리나무 아래》완결 난 거 아시죠? 지하철에서 마지막 편을 읽다가 눈물이 날 것 같아서 끊고 집에 가서 마저 읽었어요. 예전부터 리디북스에서 문피아까지 웹소설 보는 것도 좋아했고요. **어렸을 때부터 저는 한 번 보고 재미있는 것은 계속, 심하다 싶을 정도로 반복해서 보는 사람이었어요. 그리고 그 대상이 계속 바뀌는 '잡덕'이랍니다.** (웃음) 최근엔 〈더 퍼스트 슬램덩크〉에 미쳐 있었고요. 제 SNS 타임라인에서 늘 세상에 화가 많으시던 분들도 농구 얘기로 하나가 되더라고요. 저도 요즘 스트레스 받는 일이 있을 때마다 극장에 가서 〈더 퍼스트 슬램덩크〉를 보면서 기분을 풀었습니다.

덕질의 역사에서

비롯되는 것들

감독님이 어렸을 때부터 지금까지 무엇에 빠져 있었는지 그 일대기가 궁금해지는데요. (웃음) 특히 드라마 PD에게는 무언가에 심취했던 경험이 어떻게든 도움이 될 것 같아요.

최근에 만난 분이 판소리 〈적벽가〉 얘기를 하면서 한 소절 불러주셨는데, 제가 어렸을 때 《삼국지》도 좋아했었다는 게 생각나더라고요. 같은 자리에 있던 제작 PD는 《창천항로》도 봤다고 하고. 제가 초등학교 4학년 때쯤 나관중의 《삼국지》를 기반으로 한 《어린이 삼국지》 상·하편을 거의 외울 정도로 봤어요. 나중에는 어른들이 읽는 세로로 된 《삼국지》까지 봤고요. 그런데 이런 게 나중에 다 도움이 되더라고요? (웃음) 몇 달 전에 카카오페이지에서 《아! 내가 마속이다》라는 회귀물을 읽었는데 이건 《삼국지》를 봐야 재미있는 소설이었거든요. 네이버 웹툰 《삼국지톡》을 보고 있으면 어렸을 때 봤던 《어린이 삼국지》가 생각나요. 〈옷소매 붉은 끝동〉 할 때는 어렸을 때 달달 외울 정도로 봤던 한국사 만화의 도움을 받는다는 생각이 들었어요. 지금 생각해 보면 이희재 작가님처럼 정말 훌륭한 분들이 참여한 책이었거든요. 《슬램덩크》도 구판으로 읽다가 이번에 신장재편판과 완전판까지 샀는데 너무 좋더라고요. 채치수 스탠드를 정말 갖고 싶어서 아는 작가님에게 이벤트 수령을 대신 부탁했는데, 그분도 결국 시아버지 생신이라 가지 못했어요. 그래서 가부장제에 지는 게 굴욕적이라고 같이 한탄했어요. (웃음)

지금도 '활자 중독형' 인간에 가까우시죠?
———

읽는 잡지가 너무 많아서 집이 난장판이에요. 웹소설뿐만 아니라 한국 소설, 외국 소설도 가리지 않고 많이 봐요. 작년에 제주도에 머물면서 읽었던 책 중에서는 최은영 작가의 《밝은 밤》이 가장 좋았어요. 트위터에서 《폭풍의 언덕》과 《제인 에어》와 《오만과 편견》을 모두 좋아하는 사람은 없다"라는 글을 봤는데, 저는 셋 다 재밌게 본 사람이거든요? (웃음) 물론 가장 좋아하는 건 《오만과 편견》이지만 약간 광기 어린 사람들이 나오는 《폭풍의 언덕》과 《제인 에어》도 신나게 읽었어요.

우리 모두가 그랬듯 아이돌 그룹을 좋아하는 경험도 거치셨을 테고요. (웃음)
———

제가 굉장히 좋아했던 1세대 아이돌 그룹이 있었는데요. 최근까지 그들의 라디오 방송도 듣고, 소통 앱도 깔아 참여하고, 콘서트도 갔답니다. (웃음) 아, 응원봉이 생긴다는 게 참 좋더라고요. 어렸을 때 〈쇼! 음악중심〉 같은 음악 프로그램을 정말 많이 봤어요. 사실 〈옷소매 붉은 끝동〉에서 이산(이준호)과 태호(오대환)가 처음 만날 때 부감 샷으로 시작했으면 좋겠다는 얘기가 나왔어요. 그때 갑자기 〈SBS 인기가요〉에서 봤던 엑소의 〈으르렁〉 무대가 생각나더라고요! 그 무대를 연출했던 PD님을 제가 어느 자리에서 우연히 뵌 적이 있어서, 도대체 어떻게 찍었냐며 자세히 여쭤본 적이 있었어요. 그 무대처럼 우리도 드론 샷을 활용해보자고 했었죠. 음악 방송을 꾸준히 시청했던 경험이 이런 식으로 도움이 될 거라고는 생각도 못했는데…. (웃음)

로맨스 소설이나 로맨스 판타지, 무협, 장르물까지 안 가리고 좋아하시죠? 그 취향은 아마도 유년 시절 책 대여점에서 시작되지 않았을까 싶은데요.

엄청 봤죠. 열 살 땐가 엄마가 사준 《캔디캔디》와 《베르사유의 장미》에 엄청 빠졌었어요. 오스칼과 앙드레의 첫 베드신은 어린 아이가 보면 안 된다고 생각했는지 엄마가 따로 숨겨뒀었는데, 내용이 안 이어져서 뭔가 이상함을 느꼈다가 결국 그 부분을 찾아내서 동생이랑 같이 봤죠. 책 대여점에서 《사조영웅전》《녹정기》 같은 거 다 빌려 보고, 양조위가 나온 〈의천도룡기〉 같은 드라마도 비디오로 다 빌려봤어요. 최근에 나온 〈의천도룡기 2022〉는 CG나 분장이 훨씬 발전했음에도 불구하고 왠지 어렸을 때 봤던 게 더 좋았던 듯해요. 이런 성장 과정을 거치면 다 저 같은 사람이 되는 걸까요? (웃음)

방송국 PD 공채 시험에서는 이런 인재를 선호하지 않나요?

자기소개서를 쓸 때 "나는 항상 이야기와 함께했던 사람"이라는 표현을 썼어요. 지금도 대본을 읽을 때 이야기의 흐름을 놓치지 않는 것을 가장 중요시해요. **극장 관람 중심인 영화라면 미장센의 우선순위가 높을 수도 있겠지만, 집에서 편하게 보는 드라마는 기본적으로 이야기가 재미있어야 하거든요.**

집 요 함 이 빚 어 내 는

하 나 의 세 계

무언가에 잘 빠지는 성향이 일할 때 집중력에도 도움이 되는 것 같으세요?

사실 작품에 들어가면 일 외에 할 수 있는 게 없어져요.

자기소개서를 쓸 때

"나는 항상 이야기와
함께했던 사람"

이라는 표현을 썼어요.

지금도 대본을 읽을 때

이야기의 흐름을
놓치지 않는 것을

가장 중요시해요.

활자 하나 읽기도, 웹툰 하나 보기도 쉽지 않은 것 같아요. 그때는 남는 시간에 무조건 자거나 머리를 비우고 온전히 휴식을 취하는 데 집중해요. 그리고 작품을 할 때 무엇에 꽂혀 있느냐에 따라 결과물이 다르게 나오기도 해요. 〈옷소매 붉은 끝동〉 같은 드라마는 우리가 일상에서 볼 수 있는 것들이 아닌 상상을 통해 소품과 의상과 사람을 재현하는 작품이잖아요. 새로운 세계를 만드는 거죠. 사실 〈옷소매 붉은 끝동〉 이후에 사극은 다시 안 할 거라는 얘기도 했는데, 결국 그 경험이 좋았기 때문에 시대극인 〈정년이〉를 하게 된 것 같아요.

왠지 자료 조사도 '덕질' 하듯 하실 것 같아요. 특히 사극이나 시대극은 고증 때문에 기본적으로 공부해야 할 사료도 많은데, PD님 특유의 집요함이 빛을 볼 것 같습니다.

학창 시절에도 덕질할 게 없는 수학은 멀리하고 여러모로 파고들 게 많은 국사, 세계사, 윤리 과목을 좋아했어요. (웃음) 저는 드라마 편집 영상도 거의 보지 않고 꼭 풀 영상으로 보려고 하거든요. 〈옷소매 붉은 끝동〉 준비할 때는 《정조어찰첩》을 직접 사서 봤어요. 기획 PD들이 따로 자료 정리를 해도 제가 굳이 원본 그대로 보고 싶은 마음이 생기더라고요. **여행 갈 때도 책을 잔뜩 빌려서 가는 사람이라, 작품에 필요한 자료를 찾는 건 원래 제 습성과도 그리 멀지 않아요.** 작품을 위해 공부가 필요하니까 최근에도 계속 책을 사서 읽고 있어요. 요즘

《한국주택 유전자》를 구해 읽고 있는데 너무 재밌더라고요. 제가 공부하고 있는 시대는 전기나 하수도 시설이 잘 되어 있지 않고 물지게를 메고 다니던 시절이라 배변을 처리하던 사람도 따로 있었더라고요. 한영수 사진 작가님의 사진집도 구해서 보고 있어요. 여러 가지 요소가 혼재되어 있던 시절이라는 것을 배우고 있습니다. 참고로 이들을 구입할 때《슬램덩크》의 작가 이노우에 다케히코의《만화가 시작된다》도 같이 샀습니다. (웃음)

그렇게 정리한 자료와 아이디어는 어디에 어떻게 기록하는 편이세요?

아직도 저는 손으로 직접 써야 머리에도 훨씬 잘 들어오고 찾아보기가 훨씬 편해요. 요즘 현장에서 아이패드를 쓰는 분들도 많은데, 저는 〈정년이〉도 책 대본을 들고 연출하게 될 것 같아요.

그런데 지금 차고 있는 애플 워치는 뭔가요! (웃음)

원래는 '굳이 필요한가?'라고 생각했는데 〈헤어질 결심〉을 보고 너무 좋아서 산 거예요. 절대 탕웨이처럼 쓰지 않고 제가 좋아하는 것들을 띄워놓는 '덕질용'으로 전락했지만요. (웃음)

지금 저희가 망원동 카페에서 대화하고 있잖아요. 다른 크리에이터들과 달리 별도의 작업실이 없고, 일할 때 꼭 가는 공간이 있지도 않다고 하셨어요. 기본적으로 노동의 장소를 중요시하는 유형은 아니신 것 같아요.

———

저는 그냥 집이 제일 편해요. 집중이 안 된다 싶으면 회사 사무실을 가고요. 가끔 카페에 갈 때도 있는데 엄청난 카페족은 아니에요. 서재나 작업 공간을 따로 둘 수 있을 만큼 집이 지금보다 더 넓어지면 그건 좋겠죠! 어렸을 때도 독서실을 끊지 않고 학교와 집, 도서관에서 공부했어요. 제가 기본적으로 정신이 산만한 편이고, 어딜 가든 딴 생각에 빠지는 건 똑같아요. (웃음) 드라마 PD는 움직이는 차에서도 대본을 봐야 할 때가 있고, 현장에서 스태프나 배우들이 말을 거는 상황에도 익숙하고, **언제 어디서든 일을 해야 하는 사람이잖아요. 그냥 산만한 환경에서 계속 일을 하는 거죠. 덕분에 무슨 일이 닥쳐도 그러려니 하면서 금방 금방 적응하는 능력이 길러졌어요.**

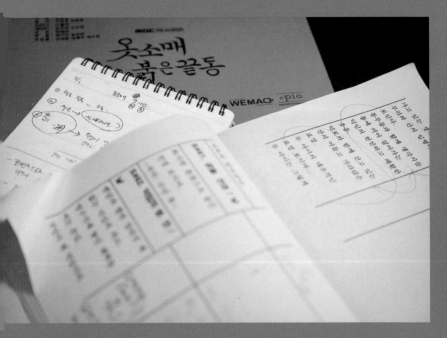

〈옷소매 붉은 끝동〉 대본집과
그 당시 메모한 노트.

함께 답을

찾아나가기 위하여

예전에 〈무비위크〉 기자로 일한 적이 있다고요.

원래 전공이 신문방송학과였어요. 신방과 졸업 후 언론사나 광고계로 많이들 가는데, 그쪽보다는 막연하게 영화계에서 일을 하고 싶었어요. 제가 PC통신 시절 '영퀴방'에 매일 들어가고 중학교 때부터 〈씨네21〉을 읽었던 세대거든요. 그리고 2000년대 초반 특히 여자 대학생이라면 명필름의 심재명 대표님 같은 영화인들을 선망하며 영화 일을 꿈꾼 분들이 많을 거예요.

사실 막연하게는 영화감독이 가장 되고 싶었는데, 밥벌이로 하기에는 쉽지 않아 보여서 차선으로 다른 진로를 찾기 시작했죠. 심재명 대표님 강의도 들으러 다녔고, 영화 마케팅이나 기획 쪽으로 가고 싶어서 영화사 시험을 많이 봤는데 다 떨어졌어요. 〈씨네21〉 편집 기자도 떨어지고…. (웃음) 마침 〈무비위크〉 신입 기자를 뽑는다고 해서 영화 리뷰를 써서 보냈고 합격했어요. 기자 일이 굉장히 재미있었고 그때 알게 된 분들과 지금도 연락을 하고 있어요. 하지만 역시 기자보다는 직접 이야기를 제작하고 싶다는 생각이 들더라고요. 원래 꿈꿨던 영화감독의 차선으로 생각한 게 드라마 PD였어요. PD는 방송국에서 월급을 주니까 좀 더 안정적인 직업이기도 할 테고. 당시 부모님이 멀쩡하게 다니던 직장을 그만두고 방송국 공채 시험을 보겠다는 딸을 굉장히 나무랐는데, 입사를 할 수 있어서 진짜 다행이었어요.

당시 영화는 어떤 장르를 즐겨보셨나요?
—

저는 예술 영화보다는 철저하게 상업적인 이야기에 꽂혀 있었는데, 당시 제가 글을 썼던 영화는 〈세크러테리〉였어요. 사디스트 취향을 가진 제임스 스페이더의 비서로 마조히스트 취향을 가진 메기 질렌할이 취직하면서 생기는 로맨스를 그려요. 최근에 남편이 이 영화를 보고는 어떻게 이 영화가 로맨틱 코미디냐면서 당황하더라고요. (웃음) 그때는 남들이 안 보는 것 같은 특이한 영화를 좋아했어요.

공채 드라마 PD는 메인 연출 입봉까지 시간이 꽤 걸린다고 알고 있어요. 대신 다양한 작품의 조연출, 공동연출을 거치면서 탄탄한 기본기를 쌓을 수 있다는 얘기를 전해 들은 적이 있습니다.
—

저는 처음부터 연출을 잘하는 사람이 아니었어요. 조연출 6년, 일일 연속극 두 편과 주말 드라마 한 편 공동연출을

4년 넘게 했어요. 입봉은 아침 드라마로 했고요. 그런데 연속극에는 인간의 출생부터 죽음까지, 결혼식, 장례식이 모두 담겨 있어요. 하루에 30여 개 신을 찍기도 하는 야외 촬영과 100신이 넘어가기도 하는 스튜디오 녹화를 계속 오가야 하고, 스릴러, 멜로, 호러 등 모든 장르가 등장하죠. 엄청난 연출 경험을 쌓을 수 있는 거예요. 조연출을 가장 길게 했던 작품도 시대극이었고 연차도 많이 차서 무언가를 도전하는 데 있어 딱히 두려움이 없었어요. (〈옷소매 붉은 끝동〉은 정지인 PD가 연출한 첫 사극 드라마다.) 덕분에 〈옷소매 붉은 끝동〉을 연출할 때 도움을 많이 받았어요. 스튜디오 촬영은 기본적으로 신이 길고, 쓰리캠Three Cam을 끊지 않고 계속 녹화해요. 그래서 대사와 대사 사이의 호흡을 감정에 맞게 맞추는 리허설을 반복적으로 해야 하죠. 정해리 작가님의 신이 굉장히 긴 편이라 리허설을 하면서 각 신의 리듬을 만들어야 할 때가 많았는데, 연속극 경험 덕분에 수월하게 해낼 수 있었어요.

아무래도 드라마는 영화 현장에 비해 시간이 촉박할 수밖에 없잖아요. 그런데 제한된 환경에서 연출자가 추구하는 비주얼에 너무 몰두하다 보면 많은 사람들이 고생을 할 수도 있어요. 방송계에서 표준근로계약서가 도입된 이후 주어진 시간 안에 가능한 한 만족스러운 그림을 얻어내기 위해서는 어떤 게 필요하던가요.
___

연출부 및 스태프들과 긴밀히 소통해야 해요. 충분한 시간을 들여야 하는 장면은 사전에 고지하고 빠르고 정확하게 판단해야 해요. 스케줄러 역할을 하는 야외 조감독과의 호흡, B팀과의 신 분배를 잘 하는 것도 중요합니다. 가령 영조(이덕화)와 이산의 독대신은 대본상으로도 상당히 길었고 절대 하루 안에 소화할 수 없는 분량이었는데, A팀은 어디에서 어디까지, B팀은 어디에서 어디까지 찍을지 미리 디테일하게 계산해서 나눠 찍었어요. 이런 식으로 시간 분배를 잘하고 **모두가 힘들어하지 않으면서 원하는 장면을 잘 찍을 수 있는 합의점을 찾는 게 중요해요.** 요즘엔 방송 스태프들의 각종 민원이 올라오는 신문고가 따로 있는데, 〈옷소매 붉은 끝동〉 시작할 때 우리 팀의 목표는 민원이 올라오지 않는 것이라는 말을 한 적도 있어요.

확실히 스태프를 대하는 태도에 예전보다 조심스러운 분위기가 생겼죠?

예전에는 정말 충격적인 일들도 많이 벌어졌죠. 요즘엔 확실히 현장 분위기가 개선됐지만요. 과거보다 어린 스태프들이 훨씬 많아졌어요. 제가 경력이 얼마 되지 않았을 때 기분이 상했던 행동들, 나는 절대 저렇게 굴지 말아야지 생각했던 경험들을 떠올리며 지금 스태프들을 대할 때 조심하려고 해요. 인신공격은 정말 하면 안 돼요. 몇 년 전까지는 감독과 스태프 사이에서 허용됐던 일이 지금은 아니게 됐을지 몰라요. 사람들과 일을 할 때는 경계선을 계속 살펴봐야 해요. 나이가 들고 경력이 쌓일수록 스태프들을 어떻게 대해야 할지 고민이 커지고 있어요.

일적으로 소통할 때 사람마다 조금씩 스타일이 다르더라고요. 안부를 묻거나 다른 사적인 대화를 10여 분 나눈 후에 본론에 들어가는 사람도, 간단명료하게 바로 업무 얘기부터 꺼내는 사람도 있죠. 어느 쪽이세요?

저는 간단한 인사말을 하고 바로 용건부터 들어가요. 만약 상대방의 반응이 미적대면 괜찮으니까 솔직하게 얘기하라고 하고요. (웃음) 긴밀한 소통과 정확하고 빠른 판단, 그리고 서로의 솔직함이 중요해요. 하지만 처음 만난 사이에서는 확실히 정제된 언어를 쓰는 게 중요한 것 같아요. 그리고 중요한 것! 현장에서는 배우를 부를 때 실제 배우가 아닌 캐릭터 이름으로 불러요. (이)덕화 쌤은 영조 쌤, (이)세영이는 덕임이, (이)준호는 산이라고 불렀어요. 작품을 시작하는 순간부터 같이 일하는 동안에는 그 캐릭터로 보고 그 캐릭터와 만나는 거니까요. 오히려 촬영이 끝난 후에도 캐릭터로 부르던 버릇이 남아 있어서 다시 배우 이름으로 호칭을 고치는 게 쉽지 않더라고요.

현장에서 연출을 하다 보면 이번 테이크가 오케이가 아닌 이유를 말해야 할 때가 있잖아요. 감독이 납득할 만한 이유를 설명해주지 않는 경우, 어려워하는 배우들을 종종 봤어요.

———

최대한 구체적으로 얘기해줘야 하는 건 맞는 것 같아요. 감독이 원하는 것을 정확하게 말해줘야 배우도 이를 제대로 고치고 맞춰줄 수 있으니까요. "저는 좋았는데 이게 왜 NG 인가요?"라고 물으면 "좋았는데, 더 좋아질 수 있을 것 같다"라는 식으로 얘기해요. 그리고 정말 좋은 연기가 나오면 아낌없이 너무 좋았다고 표현하는 게 옳고요. 그런데 같이 몇 개월 작품을 하다 보면 제가 입을 열기도 전에 표정만 봐도 오케이인지 아닌지 티가 난대요. (웃음) "나는 이번 테이크가 좋았는데, 더 잘할 수 있을 것 같으니 한 번 더 갈게요!"

이 업계는 개개인의 능력 만큼이나 네트워크 관리가 중요하다고 생각하는 분들도 많은 것 같아요. 플랫폼의 핵심 인사와 좋은 배우, 스태프들과 관계를 잘 맺어놔야 원하는 편성과 캐스팅을 쟁취할 수 있다고요. PD님은 어떠세요?

———

방송국 안에도 인간 관계가 넓고 골프도 잘 치러 다니는 분들이 있어요. 그런데 그 분들은 저와 친하지 않아요. (웃음) 저도 인간관계를 잘 쌓아야 한다고 생각하는데 잘 못하는 편이에요. "한번 골드 라운딩 가시죠!"라는 말을 들으면 "저는

사람들과 일을 할 때는

경계선을 계속 살펴봐야 해요.

긴밀한 소통과

정확하고 빠른 판단,

그리고

서로의 솔직함이 중요해요.

골프를 안 쳐요"라고 하는 사람이거든요. 심지어 저와 친한 사람들도 인맥 관리를 잘 못하고 있는 것 같아요. (웃음)

PD님은 처음 봤을 때나 지금이나 한결 같은 분이에요. 드라마가 흥행했다고 어깨가 올라간다거나 들뜨는 대신 최근 관심사에 대한 가벼운 수다를 훨씬 좋아하죠.
———

사실 〈옷소매 붉은 끝동〉이 잘되고 나서 제 생활에 큰 변화가 생길까 생각했는데, 크게 달라진 건 없어요. 물론 제안 들어오는 작품 수는 엄청나게 달라졌지만 일상이 달라지진 않았어요. 제가 입봉하자마자 잘된 케이스가 아니라서 그런 것 같아요. 일찌감치 성공을 맛봤다면 굉장히 들떴겠지만, 지금은 제가 앞으로 할 작품들이 모두 잘되리라는 보장은 없다는 점을 생각해요. **업계를 둘러보면 열심히 하지 않는 감독은 없어요. 그러니 노력이 곧 성공을 가져다줄 수는 없어요.** 드라마는 행운이 깃들어야 흥행할 수 있어요. 그 점을 늘 염두에 두고 작품을 준비하고 있습니다.

정지인 PD가 직접 메모한
〈옷소매 붉은 끝동〉 전개에 따른 덕임의 감정

¶ **덕임의 산에 대한 마음:**

… 산을 지키고자 한다. 실제로 산을 지켰던 어릴 적과 현재의 경험이 결합된다. 그 누구도 몰랐던 산의 가장 내밀하고 약한 부분을 목격한 그날, 그를 끝까지 지키고자 마음먹는다.

… 산을 보위에 올리고자 한다. 산이 살기 위해서는 무사히 왕이 되어야 한다. 가늘고 길게 살고자 했던 본인의 가치관과는 점점 거리가 멀어진다. 내가 당장 할 수 있는 모든 노력을 다해서 '나의 주군'은 이 나라의 지존이 되어야 한다. 권력에 대한 욕망이 아닌, 생존의 문제다. 그리고 굳건히 믿고 있다. 저 사람은 분명 좋은 왕이 될 것이라고.

… 산을 사랑한다. 이 사랑의 시작은 과연 언제였을까? 지키겠다고 마음먹은 순간이었는지, 자신을 구해줬다고 생각한 겸사서 시절이었는지 덕임도 알 수 없다. 하지만 산의 존재는 어느덧 덕임의 마음 속 가장 큰 존재가 되었고, 덕임은 그 무게에 점차 짓눌려 간다. 이건 사랑이 아니라 충심이라고 애써 마음을 부정해본다. 본인의 마음을 인정하

는 순간, 자신을 둘러싼 많은 것들을 잃을 것을 알기에 두렵다. 그래서 남들에게도 자기 자신에게도 덕임은 마음을 숨기고 사랑을 부정한다. 하지만 당사자 앞에서는 숨길 수 없는 순간들이 불현듯 찾아온다. 강한 열망과 마음 때문에 눈을 질끈 감고 산이 내미는 손을 잡고 싶을 때도 있었다. 하지만 나의 소소한 삶과 일상을 생각하기에 그의 손을 애써 밀어낸다. 남들이 보잘것없다 해도, 어리석다고 해도 덕임에게는 그게 전부다. 산의 사랑은 내 삶에서 이 모든 것을 송두리째 맞바꿔야 하는 것이고, 과연 그 가치가 있는 것일까.

¶ 대본 순서에 따른 감정 변화

1부   첫 만남, 재회(엔딩)

2, 3부   서고에서의 재회. 호랑이 사냥 이후 겸사서를 살리고자 고군
         분투하는 덕임

4부   겸사서가 세손인 걸 확인 후, 산을 예전과 같이 대할 수 없어진
         덕임.

         #12. 산에게 당돌하게 사과할 것을 요구하는 덕임. 하지만 이내 곧
         후회함.

5부   동덕회의 존재를 알게 된 덕임. 산의 분노를 사지만 좀 더 가
         까워지는 기회가 된다.

         #4~5. 속마음을 내비치는 산. 혼란스러워지는 덕임.

         #9~10. 궁녀의 마음은 중요하지 않은 것을 확인하는 덕임.

계례식과 혜빈과의 독대 이후 이를 재차 확인하며 더욱 씁쓸해진다.

자신을 주체적인 존재가 아닌 수단과 방법으로만 보는 주변인들.

#엔딩. 시경을 통해 마음과 마음이 이어지는 두 사람.

그리고 벌어지는 영조의 폭력.

덕임은 산에 대한 충성심을 맹세한다. 산에 대한 확고한 마음.

6,7부	산을 구하기 위해 고군분투하는 덕임. 위험을 무릅쓰고 최선을 다하게 되는.

#엔딩~7부 #2. 산이 충성심을 맹세한 대상이 아닌, 한 남자로서 느껴지기 시작하는 덕임.

#12, 27. 산의 마음을 확인하게 되는 덕임. 흔들리는? 두려운??

#30~31. 제조의 계획을 알고 분노하는 덕임.

#34. 귤을 빙자한 산의 갑작스러운 고백(?). 하지만 이를 애둘러 거절하는 덕임.

#엔딩. 산의 질문에 당돌하고 솔직하게 궁녀의 자유 의지를 얘기하는 덕임.

8부	산의 마음을 거절하고 오해까지 사며 그 분노를 온몸으로 받게 된 덕임.

#여범 사건~엔딩. 영조의 치매를 알고 있기에 덕임을 적극적으로 돕지 못하는 산.

하지만 영조를 겨우 설득해서 덕임이 기지를 발휘할 수 있게 나선다.

그리고 그 과정에서 어릴 적 영빈 처소에 만났던 배동과 생각시가 서로라는 것을 확인하게 되는 둘.

9부	다시 한 번 마음을 밝히는 산. 하지만 제조와의 독대 이후 덕

임의 마음은 확고하다.

#행궁 역모. 또다시 위기에 처한 산. 역모의 낌새를 알게 된 덕임은 산을 살리고자 한다. 하지만 충성심은 명분일 뿐, 덕임은 사랑하는 사람을 지키기 위해 뛰어간다.

10부 역모를 딛고 더욱 커지는 산에 대한 마음. 하지만 역모 사건에 광한궁이 연루된 것을 확인하고 산은 더 큰 위기에 처한다. 더 이상 자신의 사랑을 충성심만으로 가릴 수 없다. 새로운 단서를 찾고 이를 갖고 덕임이 나선다.

11부 덕임의 노력이 헛되지 않게 산은 드디어 보위에 오르게 된다. 사랑하는 사람을 지켜냈다는 만족감은 잠시일 뿐, 더 이상 예전으로 돌아갈 수 없다는 불안감이 덕임을 엄습한다.

12부 왕이 된 산의 새로운 고백. 덕임 거절. 원빈 입궁.

유연함을
만드는

사이클

정세랑 소설가

장르 소설과 문단 문학, 드라마와 K팝까지 전방위로 글을 쓰는 작가. 출판사 편집자로 일하다 2010년 문예지 〈판타스틱〉에 〈드림, 드림, 드림〉을 발표하며 장르 소설 작가로 먼저 데뷔했다. 《이만큼 가까이》로 창비장편소설상, 《피프티 피플》로 한국일보문학상을 받았다.

"저는 굉장히 심각한 얘기를 할 때도 있고, 농담 같은 이야기를 할 때도 있어요. 감각만을 위해 사는 거 좋아해요. 계속 다양한 장르를 탐험하고 싶어요. 아직 묶어서 내지 않아서 그렇지 SF 소설도 꽤 많이 썼고, 스릴러 단편도 몇 편 있는데 장편으로도 더 쓰고 싶어요. 추리 소설에도 도전해 보고 싶은데 그건 공부가 좀 필요하죠. 그래서 몇 년간 추리 스릴러 소설들만 읽은 것 같아요. 이쪽 동네에서 가장 이상한 거 많이 해 본 애가 되고 싶어요."

———————————————— 정세랑 작가의 〈씨네21〉 인터뷰 중에서

처음엔 《덧니가 보고 싶어》나 《지구에서 한아뿐》처럼 독특한 장르 소설을 쓰는 작가로 접했다. 반면 창비장편소설상 수상작 《이만큼 가까이》는 판타지를 싹 뺀 성장물로 정세랑 작가의 또 다른 새로운 면을 발견하게 했다. 한국일보문학상을 받은 《피프티 피플》은 동시대 사회문제를 유려하게 녹여내며 평단과 대중 모두의 사랑을 받은 역작이다. 이후 정세랑 작가의 무대는 OTT 드라마로, K팝으로, 전방위적으로 확장됐다. 그는 자신이 쓴 동명의 소설을 각색한 넷플릭스 오리지널 시리즈 〈보건교사 안은영〉의 대본을 직접 집필했고, 최근엔 걸그룹 아이브의 서머 필름 내레이션을 쓰는 콜라보레이션에도 기꺼이 도전했다. 정세랑 작가는 지금 그 누구보다 유연하게 포지션을 바꾸며 경계를 허물고 있다.

흥미로운 것은, 독특한 상상력과 유연한 체질의 근간을 이루는 것이 분방한 태도라기보다 규칙적인 창작 사이클에 있을지 모른다는 점이다. 정세랑 작가는 아침 9시부터 12시까지, 자신이 가장 집중할 수

있는 시간대에 꾸준히 원고를 쓰는 유형의 창작자다. 더 나은 작업을 위해 외부의 콘텐츠를 흡수하는 시간도 의식적으로 갖고, 실제로 직간접적인 영감을 많이 얻는다. 정세랑 작가를 처음 만났을 때, 그는 어렸을 때 사랑했던 범우사 세계문학선과 솔 세계문학판에서 접한 고전이 생각보다 자극적이어서 정말 재미있게 읽었다거나, J.R.R. 톨킨, 아이작 아시모프 같은 작가의 현대 소설과 다양한 만화책도 열심히 섭렵했다는 이야기를 신나게 전해줬다. 정세랑 작가의 작업 사이클이 어떻게 굴러가고 있는지 들여다보았다.

이번에 새로 옮긴 작업실에 초대해주셔서 감사해요. 이곳으로 일터를 정하신 이유가 있나요?

———

가족과 시간을 더 보내고 싶은 욕심이 생겨서 부모님 댁 근처로 작업실을 잡았어요. 부모님과 브런치 먹고 시장도 들르면서 시간을 쓰고 싶더라고요. 일에 잡혀 먹히지 않도록 경계하는 편이에요. 여러 가지 일이 한꺼번에 몰렸을 때 한 해를 돌아보면 기억에 남는 게 하나도 없더라고요. 분명히 작업물은 남아 있고 직업적 성취를 이뤘지만, 머릿속이 하얬어요. 주변에서는 너 올해 정말 좋은 일이 많았다고 말하는데 정작 저는 감정들이 희미한 거예요. 아, 위험하다…. 매해 인생을 빨리 감기 한 것처럼 살다 보면, 그렇게 30번 누르다 보면 그게 끝일 수도 있어요. 그렇게 살고 싶지 않아졌습니다. 제일 친한 친구들, 가족과 있었던 일, 고양이는 언제고 기억이 나더라고요. 그래서 휘발되지 않는 관계에 집중하며 개인적인 행복을 느끼며 살고 싶습니다. 사람은 계속 아웃풋만 낼 수 없어요. 조바심을 갖고 밀어붙이기만 하면 결과가 오히려 별로더라고요. **스스로를 풀어놓고 방목하는 시간도 가져야 고**

갈되지 않아요.

일과 일상을 구분하지 않고 사는 분들도 있잖아요.

———

F1 레이서처럼 달리듯 사는 분들도 사실 부럽긴 해요. 저는 그렇게 열정적인 타입은 아닌 것 같아요. 굉장히 건조하고 잔잔하죠. 특히 에세이에서 이 작가가 되게 심심한 사람이구나 하고 느껴질 거예요. (웃음) 대신 호기심이 많아요. 얕은 관심을 넓게 갖고 있습니다.

작가님을 볼 때마다 새로운 일을 하고 있어서 그 에너지가 대단하다고 생각했어요. 지금은 상대적으로 여유로운 시기인 거죠? 이렇게 인터뷰에도 응해주시고. (웃음)

———

본격적으로 새 장편 소설을 쓰기 전 예열 기간이에요. 오전에는 글을 쓰고, 오후에는 지난 몇 년 동안 이 주제에 대해 끌어 모았던 자료를 다시 찾아보고, 책도 많이 사 읽고, 실제 답사를 가기도 해요. 해가 떠 있을 땐 일과 관련된 것을 하려고 하고, 저녁에는 가책 없이 내키는 대로 하고 싶은 일을 해요.

일반적으로 예열 기간과 본격적으로 집필에 몰두하는 기간은 어느 정도 비중을 할애하나요?

장편 소설은 어떻게든 6개월에서 1년 이내, 드라마는 2년에서 3년 사이에 마무리 짓는 걸 염두에 두고 작업해요. 소설의 경우 처음 4개월은 예열 기간을 갖고 쓰기보다는 읽기에 비중을 뒀다가, 나머지 8개월은 일정한 양의 원고를 쓰는 식이죠. 드라마 같은 경우 1년은 자료 조사를 병행해야 하니까 초반 서너 개 에피소드와 제안서를 완성하는 것을 목표로 하고, 이후 2년은 나머지 대본을 쓰면서 고치는 작업을 합니다. 기본적으로 팀 협업이니까 제 마음대로 하지 못하는 부분도 있지만요. 소설은 계획한 대로 쓴다면 영상 쪽 작업은 팀에 맡기는 편이에요.

작가님이 말하는 예열 기간에도 글을 쓰시는 거죠?

항상 장편은 3분의 1 지점까지가 더딘데요. 50명의 이야기가 등장하는 《피프티 피플》 같은 경우는 15명 안팎의 에피소드만 미리 만들었어요. 거기서 방사형으로 뻗어나가는 식으로 나머지 인물을 만들었고요. 시작부터 완벽하게 구조를 짜놓고 끝까지 쓰시는 분들도 없지는 않지만, 저는 쓰면서 이야기가 바뀌는 편이에요. 《피프티 피플》의 원래 제목은 '모두가 춤을 춘다'였어요. 모두가 춤을 춘다는 설정으로 시작했다가, 부자연스러워 보여서 포기했죠. 좋아하는 노래가 나왔을 때 반응하는 작은 움직임, 사소하게 아름다운 몸짓 같은 것을 포착하고 싶었고 지금 버전에는 희미하게만 남겨 뒀어요.

그러다 본격적으로 집필에 들어가면 일주일에 며칠 정도 글을 쓰나요?

———

프리랜서들은 평일에 일하고 주말에 쉬는 게 쉽지 않을 때가 있죠. 주중에 하루 다른 일을 했으면 주말 중 하루는 글을 쓸 때도 있긴 한데, 실질적으로는 주 4~5일 정도 일하는 것 같아요. 사실 저는 더 줄이고 싶어요. 주 4일 근무를 먼저 자체 도입하고 싶어요. (웃음) 삶과 일의 균형이 필요한데 주 6일씩 일하는 건 무리예요. 사실 영상 대본을 쓸 때는 쉽지 않고, 소설을 쓸 땐 가능한 것 같아요.

작가마다 스타일이 조금씩 다르지만, 작가님은 회사원처럼 일정한 시간에 출퇴근하는 루틴을 선호하시죠.

———

대체로 이 루틴을 지키려고 해요. '오전에 새로운 글을 쓰고, 오후에는 글을 고치거나 사무적인 메일을 처리하고, 저녁에는 쉰다.' 하루 중 가장 집중력이 높을 때가 아침 9시부터 오후 12시까지거든요. 그래서 7~8시쯤 일어나서 8시 반에서 9시 사이에 작업실에 출근한 뒤 12시에서 12시 반 정도까지 글을 쓰는 스케줄을 지키려고 해요. 점심을 먹고 나면 그 전날 쓴 글을 수정하거나 짧은 에세이 등을 쓰는데, 오후 일과는 6시쯤 끝나요. 워낙 읽는 것을 좋아하는 데다 많이 읽어야 쓰기에도 도움이 된다고 생각하는 편이라 다른 사람들의 작품을 즐기는 시간을 꼭 가지려고 합니다. 그렇게 왕성히 흡수하는 시간을 저녁에 가져요. 이때 OTT도 많이 보죠. 운동도 꾸준히 하려고 노력합니다. 규칙적인 것을 좋아하는 집순이예요. 어렸을 때부터 방학 숙제도 미리 해놓는 타입이었는데, 성실해서라기보다는 성격이 빡빡해서 그런 것 같아요.

삶 을 밀 도 있 게

만 드 는 것

일에 집중이 잘 되지 않을 때도 종종 있잖아요. 규칙적인 글쓰기에 실패하는, 많은 마감 노동자들의 고민이죠.

———

이틀 정도 시간이 나면 국내 여행을 떠나고, 몇 시간 밖에 여유가 없을 때는 친한 친구들에게 SOS를 보내요. 서로 동선이 괜찮으면 잠깐 만나서 밀도 높은 우정의 시간을 보내는데, 그러고 나면 '맞아. 나에게 중요한 사람은 이 사람이었지.

해가 떠 있을 땐
최대한 일과 관련된 것을 하고,

저녁에는
가책 없이 내키는 대로
하고 싶은 일을 하는

루틴을 지키는 편이에요.

이 사람이 즐거워할 만한 이야기를 쓰고, **내가 나를 너무 혹사시키지 말고, 의미 있는 작업에만 집중해야겠다**'라는 생각이 들어요. 친구들과 대화하면서 문제의 실마리가 풀릴 때도 있고 도움을 많이 받아요.

매일 써야 하는 원고 분량도 정해두는 편이세요?

———

원고지 20매 분량은 하루에 끝내놓으려고 해요. A4 용지로 치면 2~3장 정도 되는 분량일 거예요. 드라마 대본은 A4 용지 기준으로 4장 정도 써요. 하지만 모니터를 노려보는 시간이 길죠. (웃음)

그런 규칙적인 생활이 장편 소설, 문단 문학, 장르물 그리고 드라마 대본까지 쓰는 정세랑 작가를 탄생시킨 게 아닐까요. 두번째 단행본 《지구에서 한아뿐》을 원래 영화 시나리오 형태로 썼다는 것도 떠오르네요.

———

사람마다 맞는 호흡이 따로 있는 것 같아요. 저는 주섬주섬 쓰고, 한숨 쉬고 먼 산 쳐다보고 다시 주섬주섬 쓰는 타입이죠. (웃음) 반면 휘몰아치듯 한 달 만에 책을 잘 쓰시는 분들도 많아요. 그렇게 루틴 없이 쓰시는 분들이 부러울 때도 있고요. 제 소설은 시각적인 표현과 구어에 가까운 대화가 많다는 말을 들은 적이 있어요. 그래서 자연스럽게 이쪽으로

넘어온 것 같아요.

유연하게 경계를

넘나드는 이야기 작가

예전에 《웨딩드레스 44》 같은 웹소설에도 도전한 적이 있는 작가였죠.

처음부터 웹 연재 형태로 청탁이 왔기 때문에 그에 맞는 형식을 고민하며 쓴 소설이었어요. 핸드폰에서 페이지가 나뉘는 것을 염두에 두며 쓰다 보니 글도 달라지더라고요. 그렇게 시대에 따라 글의 형식도 변화하는 게 굉장히 재밌어요. 여전히 소설을 가장 사랑하지만 꼭 소설이어만 할 필요는 없는 것 같아요. 기회가 된다면 새로운 형식의 글을 써보고 싶은 마음이 계속 있어요. **저는 소설가라기보다는 그냥 이야기 작가가 아닐까요? 소설가로서의 자의식이 아주 강하지는 않은 것** 같아요.

유연한 포지션 변경이 가능했던 이유가 무엇이라고 보세요?

장르 소설이 아닌 소설도 장르 소설처럼 썼어요. 저한테는 그렇게 큰 차이가 없는 것 같아요. 언제나 희미하게 오락가락하며 경계에 서 있다고나 할까요.《피프티 피플》에서 사람들이 서로 스치는 설정은 추리 소설을 닮았어요.《시선으로부터,》도 드라마적인 요소가 있는 소설이었고요. 무엇을 쓰든지 간에 장르적 코드는 늘 갖고 가는 것 같아요. 장르적으로 풍요로운 시절에 자랐어요. TV 만화 영화가 부흥하던 시기, 영화 〈터미네이터〉〈에이리언〉〈쥬라기 공원〉〈백 투 더 퓨처〉 시리즈처럼 대형 프로젝트가 많이 나오던 시기에 성장기를 보냈거든요. 굵직굵직한 장르물을 자연스럽게 흡수하면서 영향을 받았죠. 제 안은 그냥 다 섞여 있는 땅이에요.

실제로 판타지 요소가 섞여 있는 작품을 썼던 적도 있죠.《재인, 재욱, 재훈》은 평범한 사람들의 선의가 모여서 사람을 구할 수 있다는 이야기에 판타지 요소를 섞었어요. 반면《피프티 피플》은 유사한 테마를 다루되 판타지 요소를 없애는 변화를 보여줬던 작품이고요.

기타리스트의 기타, 요리사의 칼처럼 저에게 판타지는 굉장히 쓰기 친숙한 도구예요. 가장 좋아하는 장르이기도 하고. 그래도 쓰려는 이야기에 어울리지 않을 때가 있어요. 그럴 땐 과감하게 내려놓습니다. 저는 문단 한가운데서 문예지를 만들다가 어느 순간 장르 문학을 쓰게 된, 중간에 있는 작가잖아요. 몸 바꾸기가 수월한 편입니다.

민음사와 문학동네에서 편집자로서 일한 경력이 있잖아요. 이 때문에 창작할 때 더 신경 쓰게 되는 부분이 있을 것 같아요. 역으로 작가로서 편집에 기대하는 부분도 있을 거고요.

———

어떤 편집자는 원고의 가능성을 20~30% 이상 끌어올려요. 자잘한 걸 손보기보다는 큰 구조를 같이 고민해줄 때예요. 그런 파트너들을 좋아해서 여러 번 함께 일합니다. 또한 책을 쓸 때 **나한테만 의미 있는 이야기가 아니라 지금 시대나 내가 속한 공동체에 의미 있는 이야기인지를 따지게 되는 편**인데, 편집자의 태도일 거예요. 편집자로 일할 때 계속 하던 고민이거든요.

에 너 지 를 나 눠 쓰 는 게

중 요 한 이 유

동시에 여러 프로젝트를 돌리기도 하세요?

언제나 희미하게
오락가락하며

경계에 서 있다고나 할까.

제 안은
그냥 다 섞여 있는
땅이에요.

아니요. 그렇게 잘 못 해요. 한 번에 하나만 해요. 20대 후반부터 30대 초반까지는 여러 작업을 하는 게 가능했어요. 장편을 쓰면서 단편을 쓰는 것도 병행할 수 있었죠. 오만방자하게도 평생 그럴 수 있을 줄 알았어요. (웃음) 체력과 집중력이 10년 전과 같을 수가 없더라고요. 앞서 활동하시는 작가님들이 중요한 일에만 집중하는 이유가 있었어요. 요즘은 일의 가지수를 줄이고 간결하게 에너지를 쏟아요.

바뀐 계기가 있나요?

메일 답장을 잊고 못 하는 경우가 늘었어요. 한 달 뒤에 확인 좀 해달라며 재촉하는 연락이 왔더라고요. 너무 죄송한 거예요. 피해를 끼치지 않으려면 일의 가지수를 줄여야겠다고 생각했어요. 제어력을 잃지 않는 것, 사고를 줄이는 것을 목표로 삼기로 했어요.

그럼 어떤 일을 해야 할지 판단할 땐 무엇을 기준으로 삼으세요? 작가님한테는 원고 청탁은 물론 방송 출연 제안도 많이 들어올 것 같은데요.

의미 있거나 드문 경험일 것 같을 때 하려고 해요. 에너지를 다 주지 못할 거면 안 하는 쪽이 맞다고 생각해요. 온전히 기여할 수 있는 상황에서 들어온 일은 선택하지만, 그 일이 아무리 근사해도 상황이 여의치 않으면 다른 사람을 빠르게 연결시켜 드리는 편이에요.

거절을 잘하는 것도 중요하고요.

김영하 작가님이 70퍼센트의 에너지만 쓰자고 말씀하셨을 때 공감이 됐어요. **저도 30퍼센트의 여유를 남기고 일을 받고 있어요.** 그리고 말하기는 제 영역이 아닌 것 같아요. 매번 어려워요. 글쓰기와 말하기가 비슷한 것처럼 보여도 전혀 다르거든요. 저에겐 쓰기가 우선이고, 쓰기를 방해하는 다른 요소는 최대한 제거해야 비로소 집중할 수 있는 것 같아요. 그래서 말하기와 관련된 일은 한 달에 한 번 정도만 하고 있어요.

가끔 관객과의 대화GV도 하시죠?

영화가 제 영역은 아니라고 생각해서 GV를 자주 하진 않아요. 최근에는 이다혜 작가님을 좋아해서 함께한 행사가 있어요. 《거울 속 외딴 성》 원작은 몇 년 만에 강렬한 몰입감을 느꼈던 책이었는데, 어떻게 애니메이션화가 되었을지 궁금했어요. 이다혜 작가님과 많은 이야기를 할 수 있을 것 같았고요.

《보건교사 안은영》은 직접 드라마화 작업에 참여했지만,《시
선으로부터,》는 다른 작가가 준비하고 있잖아요. 직접 대본
을 쓸 것인가 여부는 어떻게 결정하시나요?

———

모든 소설의 드라마 각색을 제가 직접 하고 싶지는 않은
것 같아요. 할 이야기를 남김없이 한 작품은 다른 작가님이
쓰셨으면 하고, 반대로 오래 전에 써서 그 이야기를 다시 풍
성하게 만들고 싶은 작품은 직접 쓰고 싶죠.《시선으로부터,》
는 1,000매에 가깝게 제 안에 있는 모든 것을 꺼내서 썼거든
요. 다른 분이 새로운 눈으로 봐주실 때 더 풍성한 작품이 될
수 있을 거예요.

소설과 드라마 대본을 쓰는 건 어떻게 다르던가요.

———

소설은 어떤 인물의 전체 인생을 몇 문장으로 압축할 수
있는데, 각본에서의 압축은 방식이 다르더라고요. 그런데 두
가지 쓰기 방식이 묘하게 섞여가고 있어요.

최근에 작가님이 했던 콜라보레이션 중 흥미롭게 지켜봤던
것은 걸그룹 아이브의 서머 필름 작업이었어요. 직접 내레이
션을 썼죠.

———

해보지 않은 일이 있으면 일단 도전해보고 싶어요. 아이

브는 물론 뮤직비디오를 연출한 노상윤 감독님의 감수성을 원래 좋아했는데, 감독님으로부터 연락이 왔어요. 다른 분야의 예술가들과 만나는 것을 반가워하고 항상 열려 있어요. 텍스트 예술에는 음악도 미술도 없으니 늘 갈증이 있고, 그렇게 색다른 영역을 접하고 나면 다음 작품에도 도움을 받을 수 있거든요. 반면 자기 영역만 고수하는 작가들도 있는데, 저는 그런 분들도 좋아해요. **이것저것 모험을 즐기는 사람이 갈 수 있는 지점이 있는 것처럼, 하나의 장르만 끝까지 밀어붙이는 사람만 도달할 수 있는 지점도 있거든요.** 소설로만 끝을 보고 말겠다는, 각본으로만 끝을 보고 말겠다는 분들도 멋지지 않나요?

가 보 지 않 은

길 산 책 하 기

예능 프로그램 〈유 퀴즈 온 더 블럭〉에 나왔을 때 작품의 아이디어를 위해 새로 나온 과자를 먹거나 가보지 않은 길을 의식적으로 산책한다고 하셨잖아요. 새를 관찰하는 취미에서 창작의 영감을 얻는다는 이야기도 인상적이었어요.

"주로 선물받은 게 많아요. 니트 가방은 독자분이 떠주신 거고, 친구가 여행 갔다가 사온 보관함도 있어요. 그리고 드라마 제작진이 만들어주신 액자도 있네요. 출판사에서 고래에 관한 책을 선물해주셨고, 뮤지션 이자람 님이 직접 사인해주신 '이자람 트레디션 수궁가' 앨범은 마음이 힘들 때마다 보고 있어요."

국내 여행을 즐기게 됐어요. 아이디어가 며칠째 막히면 우발적으로 1박 2일 정도 여행을 떠나는데, 그때 풀리는 게 많은 것 같아요. 얼마 전에도 속초에 다녀왔어요. 몇 달씩 다른 지역에서 글을 쓰는 작가분들도 있는데, 저는 기분 환기만 하고 와요.

주변 친구들의 이야기에서 작품이 시작되는 경우도 있다고 들었어요.

——

보건교사 교생을 경험한 친구가 재미있는 이야기를 많이 해줬어요. 그래서《보건교사 안은영》이 시작됐죠. 친구의 이름은 안은영이 아니지만요. (웃음) 출판사 다닐 때 인턴으로 오신 분과 밥을 먹다가 이름의 느낌이 좋아서 허락받고 쓴 거예요.

《보건교사 안은영》《재인, 재욱, 재훈》처럼 제목에 등장할 만큼 중요한 이름은 어떻게 정하는 편이세요?

——

보편적으로 있을 법한데 아예 흔하지는 않은 이름에 매력을 느껴요. 발음이 잘 굴러가는지, 어감을 중요하게 봐요. 이야기마다 딱 맞는 이름들이 있고 그 이름들을 찾으면 이야기와 친숙해지는 듯해요. 며칠에서 몇 주도 걸려요.

《피프티 피플》은 정말 많은 이름이 필요하잖아요. 어떻게 이름을 찾으셨어요?

—

주변인 이름이 소진되어서 남은 게 없더라고요. 《피프티 피플》은 가족의 두꺼운 동창회 명부에서 성과 이름을 다시 조합해서 만들었어요. 거리감이 좀 있어야 하는 글이어서 모르는 이름들이 오히려 편하더라고요.

작가에게는 자료 조사가 정말 필요하죠. 창작에 필요한 데이터는 어떻게 얻나요.

—

미리 여러 분야에 대한 폴더를 만들어둬요. 저는 굉장히 기이한 이야기를 할 때도 인물의 생활이 녹아 있는 리얼리티가 있었으면 좋겠어요. 정말 이상한 상황인데 사실 관련된 사람은 평범하다든지. 거기서 나오는 간극이 재미있어요. 그래서 **어떤 현실적인 면을 잘 확보해놓고 그 다음에 엉뚱한 이야기를 펼치는 것을 선호해요. 그리고 취재한 내용이 아까워도 그중 일부만 써요. 일반적으로 궁금해하는 정보를 빼고 진짜 개성 있는 정보를 넣어서 밸런스를 만들어요.** 캐릭터의 키, 머리 스타일, 옷차림을 다 설명하지 않아도 특징적인 한두 가지만으로 읽는 분들이 나머지 부분을 채울 수 있으니까요.

데이터는 어떻게 기록해서 보관하나요. 아이패드? 노트?

요즘엔 다양한 기록 앱을 쓰는 분들이 많은데, 저는 종이 노트와 앱을 둘 다 써요. 백업이기도 하죠. 노트는 집에 불이 나지 않는 한 큰 유실은 없을 테니까요. 자료 조사 노트, 일정 노트, 아이디어 노트가 있어요. 사은품 공책을 활용한 거라 막 예쁘지는 않아요. (웃음) 항상 노트에서 키보드로 넘어가는 식으로 글쓰기 작업을 하고 있습니다.

다 정 하 게

그 리 고   건 조 하 게

작가들의 커뮤니티가 있나요? 작가조합 모임이 정기적으로 이루어진다거나 하는 식으로요.

여기는 회사도 학교도 아니잖아요. 점으로 흩어져 있는 것 같아요. 굉장히 느슨한 관계라고 할까. 저도 몇 명하고만 만나요. 작가들의 단톡방 같은 것도 없어요. 아닌가? 있는데 못 들어간 건가? (웃음) SF 작가들의 경우 연대가 있긴 해요. 그런데 친분을 쌓기 위한 목적은 아니고 공적인 활동을 위함입니다.

정세랑 작가가 작업할 때 쓰는 노트.

"전 데스크톱과 노트북을 번갈아가면서 쓰고 있어요. 고가의 키보드를 쓰는 편은 아닌데, 인체공학 키보드가 손목 신경을 덜 누르는 것 같더라고요. 로지텍 광고는 아닙니다. '내돈내산'으로 구입했지만 무척 만족하며 쓰고 있습니다."

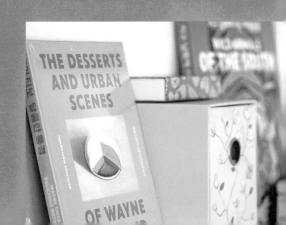

좋아하는 것을 좋아한다고 잘 말하는 성향이에요. 그래서 업계에서 멋진 작업을 하셨던 분들을 만나면 늦은 감탄을 표현해요. 앞에 말씀드린 것처럼 많은 일을 벌일 수 있는 사람은 아니라서, 저에게 들어온 일이 다른 분에게 더 어울리거나 마침 지금 스케줄이 되는 분이 있다면 연결하는 역할도 하고 있는 것 같아요. 친분이 있는 분을 소개해드릴 때도 있지만 그냥 작품이 좋아서 추천할 때도 있어요. 작가들 중엔 내향적이고 개인적인 사람이 많기에 그냥 멀리서 우호적인 감정을 품는 거죠. (웃음)

일에 관해서는 위기 상황에서 매우 건조해져요. 하는 일이 사람이 죽거나 다치는 사고가 터질 가능성은 낮은 편이잖아요. 사람만 다치지 않으면 다른 건 다 어떻게든 해결할 수 있다고 생각해요. 화가 나거나 혹은 일이 잘못되더라도, 감정을 소모하기보다는 그냥 해결하고자 하는 편이에요. 일정이 두 달 늦어질 것 같다고 하면, 그냥 늦어지는 거죠. 전혀 상관없습니다. 웬만해선 화가 잘 안 나요. 시정해야 할 일이 있으면 사적인 감정이나 인신공격적인 단어를 제거하고 최대한 건조하게 메일을 써요. 이렇게 하시면 안 되고, 이렇게 해야 합니다. 그 정도죠.

아무래도 작가님에겐 섭외 연락이 많이 오죠? 작가가 글만 잘 쓰면 된다고 생각하는 사람들도 있지만, 온갖 청탁에 어떻게 대응하느냐도 중요한 업무 중 하나죠. (웃음)

정성 어린 메일을 보내주시는 분들이 많아요. 저도 다정하고 긴 메일을 쓰고 싶지만 하루에 수십 통씩 오기 때문에 서너 줄을 쓸 수밖에 없는 게 아쉬워요. 그래도 답장은 꼬박꼬박 하려고 노력하고 있어요. 읽었을 때 바로 하지 않으면 까먹어요. 버스에서 메일을 보고 '이따 집에 가서 답장 보내야지' 하고 미루면 한 달 가까이 잊어버릴 수 있어요. 이동 중엔 메일을 보지 않는 게 차라리 낫더라고요. 혼자 일하다 보니 한계가 있습니다.

다양한 것들을
향한 시선

작가로서 발전하기 위해 평소 노력하고 있는 부분은 무엇인가요? 가령 문장을 더 잘 쓰기 위해 하는 훈련이 있다거나.

저는 문장력으로 승부를 보는 작가는 아니에요. 굉장히 건조한 단문을 쓰죠. 잘 쓰는 분들은 따로 있어요. 그보다는 관심사를 넓히는 데 더 힘을 많이 쓰는 것 같아요. 평생 교육이 풍성한 시대잖아요? 의식적으로 강의를 찾아 들을 때도 있고, 다양한 책을 읽거나 박물관에 가서 정보를 수집하고, 배울 수 있는 기회가 있으면 최대한 포착하려는 편이에요. 온라인으로 들을 수 있는 원데이 클래스도 여러 번 들었고요. 생명다양성재단 박사님들이 꿀벌이나 가로수에 대해 해주시는 강의를 들었던 것도 근사했어요. SF 작가는 과학 관련 강의를 들을 수 있는 기회도 많고, 문화예술위원회나 문화체육관광부 등에서 창작자를 위한 여러 강의를 제공해줄 때도 있어요. 다른 분야의 예술가들이 하는 강의도 시간이 나면 들으러 가요.

뭘 배운다고 바로 창작의 재료가 되는 것은 아니지만 이렇게 그물망을 크게 던져놓다 보면 돌연 아이디어로 이어지기도 해요. 예시로

《시선으로부터,》는 하와이 이민사에 대한 책으로부터 도움을 많이 받았습니다. 작품을 쓰기 위해 읽은 건 아니었는데 흥미로운 구술 기록이 많아서 영감을 얻을 수 있었어요.

관심사를 넓히는 것도 요령이 있어야 하잖아요. 어떻게 하고 계세요?

———

남들보다 몇 년 앞서 나가는 선구안을 갖고 있는 전문가, 학자, 언론인들이 영역마다 있잖아요. 그런 분들을 따라가려고 해요. 이를테면 **좋은 기사를 계속 쓰는 기자님이 요새 어떤 아이템을 다루는지, 훌륭한 논픽션 작가들이 관심 갖는 소재가 무엇인지 살펴봐요.** SF 장르에서는 심완선 작가님이나 배명훈 작가님이 요즘 무엇을 좋아하는지, 추리 소설은 이다혜 작가님이 최근에 읽은 책이 무엇인지 알아봐요. 그분들의 SNS를 팔로잉하다 보면 알 수 있거든요. (웃음) 다양한 영역에 종사하는 지인들의 관심사를 흡수하면서도 도움을 많이 받아요. 사람들과 모여 교류하는 것을 좋아해요. 다른 업계에 어떤 이슈가 있는지 듣다 보면 영감을 받을 때가 많아요.

B급 영화도 좋아하시죠?

———

네. 아카데믹하거나 아주 예술적인 영화보다는 즐거운 장르물을 선호해요. 스타일이 세고 빠른 작품들과 창작자들

에게 주로 마음을 뺏깁니다.

여전히 영화 시나리오를 쓰고 싶은 마음은 없으신 거죠?

———

영화는 감독의 장르라고 생각해요. 영화 시나리오는 여러 사람의 손을 거치면서 초고가 거의 남아 있지 않게 되는데, 저는 아무래도 작가에게 재량권이 많은 분야가 마음이 편합니다. 시나리오 작가님들이 더 존중받고 보호받을 수 있다면 좋겠어요. 영화 자체는 애호하기 때문에 언젠가 환경이 좋아지면 도전해보고 싶습니다.

정세랑 작가가 고른
절판 위기의 좋은 책들

좋은 책이라고 꼭 사랑받는 것은 아니어서, 큰 영감을 얻은 아끼는 책이 절판되는 경우를 자주 봅니다. 혹시 이 리스트의 책을 도서관이나 서점에서 발견한다면, 꼭 한번 열어봐주세요.

¶ 《지렁이, 소리 없이 땅을 일구는 일꾼》, 에이미 스튜어트, 이한 중 옮김, 달팽이, 2005

… 《목소리를 드릴게요》에 수록한 중편 소설 〈리셋〉은 이 책을 읽지 않았다면 쓰지 못했을 것입니다. 흥미진진하고 유려한 논픽션으로, 지렁이에 대한 가벼운 관심에서 시작해 자연을 대하는 우리의 태도 전반에 대해 고찰합니다. 에이미 스튜어트의 다른 글들처럼 유머가 넘치고 감각적인데, 표지 디자인이 지나치게 직설적이었는지도 모르겠습니다.

¶ 《죽음을 보는 눈》, 마이클 코리타, 나동하 옮김, 알에이치코리아, 2015

… 마이클 코리타는 장르를 가리지 않고 뛰어난 작품을 써내지만 호러 소설을 가장 잘 쓰는 것 같습니다. 무서운 소

설이 읽고 싶었던 날, 저도 추천을 받아 읽게 된 책인데 압도적이었습니다. 호러 소설을 써보고 싶은 분이라면 꼭 한번 읽어보시길요.

¶ 《어쨌든 집으로 돌아갑니다》, 쓰무라 기쿠코, 김선영 옮김, 한겨레출판, 2016

… 이 책은 아직 절판되지 않았습니다! 이 책을 포함하여 쓰무라 기쿠코의 다른 책들을 절판되기 전에 얼른 구매해 두시면 좋을 것 같습니다. 일하는 사람들의 매일을 날카로우면서도 공감 가게 포착하는 탁월한 작가인데, 국내에서 더 사랑받았으면 좋겠습니다. 특히 직업을 어떻게 그리면 좋을지 고민하는 창작자 분들이 꼭 읽어보셨으면 하는 작가입니다. 《이 세상에 쉬운 일은 없다》도 함께 추천합니다.

¶ 《마지막 기회라니?》, 더글러스 애덤스·마크 카워다인, 강수정 옮김, 홍시, 2014

… 멸종 위기 동물을 추적하며 쓴 웃음과 땀과 눈물이 모두 있는 논픽션인데, 책이 그만 멸종되고 말았습니다. 이렇게 좋은 책이 절판되다니 믿을 수가 없습니다. 더글러스 애덤스의 《은하수를 여행하는 히치하이커를 위한 안내서》를 좋아하시는 분이라면 이 책도 꼭 손에 넣어보시길 바랍니다.

¶ 《브랫 패러의 비밀》, 조세핀 테이, 권영주 옮김, 검은숲, 2012

… 종이책은 절판되었지만 전자책으로 아직 읽으실 수 있습니다. 사람이 죽는 추리 소설에서 아름다움을 느끼는 일은 쉽지 않은데, 이 소설은 아름다움으로 가득합니다. 마지막 장을 넘기며 더 읽고 싶은 마음이 생긴다면 조세핀 테이 전집도 전자책으로 나와 있으니 추천합니다.

모두가 겪지만
외면한 것들에 대한

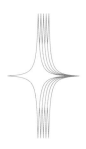

진심

첫 장편 영화 〈벌새〉로 베를린국제영화제 제너레이션
14+ 대상, 트라이베카영화제 국제경쟁부문 대상 등을 수
상하며 국내외 영화제 60관왕이라는 진기록을 세웠다.
현재 김초엽 작가의 소설집 《우리가 빛의 속도로 갈 수
없다면》에 수록된 단편 〈스펙트럼〉의 영화화를 준비 중
이다.

김보라 감독

"김보라 감독이 창작에 접근하는 프로세스는 조금 남다르다. 이성적이고 차분한 측면도 있지만 그 안에 영적인 체험을 하는 과정을 거친다."

———————————————————— 변승민 클라이맥스스튜디오 대표

김보라 감독의 단편 영화 〈리코더 시험〉에서 부모님의 사랑을 갈구하던 아홉 살 은희는 리코더 시험을 잘 치러서 칭찬을 받으려고 한다. 7년 후 그가 완성한 장편 영화 〈벌새〉에서 은희는 열다섯 살이 됐다. 김보라 감독은 은희처럼 대치동에서 자랐고 부모님이 떡집을 운영했으며 오빠와 언니가 하나씩 있다. 귀 뒤에 생긴 혹을 떼는 큰 수술을 받는 것도 실제 그가 겪은 에피소드다. 하지만 김보라 감독은 〈벌새〉가 단지 사적인 회고에 그치거나 상투적인 노스탤지어에 빠지기를 원치 않았다. 영화는 은희의 미시적인 이야기에서 출발해 타워팰리스 건설 반대 시위가 벌어지던 1994년 한국 사회를 조망한다. 1970년대 이후 급속도로 이루어진 강남 개발은 중산층이 자식 세대를 '서울대'에 보내기 위해 무리해서라도 대치동에 몰리게 만들었고, 은희에게 가해지는 오빠의 폭력은 그가 명문대에 가야 하는 아들이기에 어물쩍 은폐된다. 은희에게 유일하게 닮고 싶은 어른이었던 영지 선생님은 아마도 서울대 운동권 출신이었고, "은희야, 너 이제 맞지 마. 누가 널 때리면, 어떻게든 맞서 싸워"라고 말해준다. 은희가 병원에서 본 TV에서 흘러나오던 김일성 사망 뉴스는 냉전 체제의 종식을, 성수대교 붕괴 사고는 한국의 자본주의와 성과제일주의의 병폐를 보여준다. 김보라 감독은 여자아이의 눈으로 바라본 90년대가 어떻게 사회정치와 연결될 수 있는지 야심 있게

펼쳐내며, 역사의 증언자로 여성을 소환한 사례가 적었던 영화계에 중요한 족적을 남겼다.

사적인 경험을 재료로 보편타당성을 가진 이야기를 창작하는 데 무려 7년을 쏟아 부은 그는 가장 최적화된 편집술을 탐구하는 과학자이면서 명상과 마사지가 가져다주는 영감을 믿는 능동적 테라피스트다. 후자가 개인의 고통을 고백하고 타자와 교류하게끔 도와줬다면, 이를 한국 현대사와 연결 짓고 영상 매체로 옮겨내는 일은 이성과 기술의 영역이 된다. 김초엽 작가의 동명의 단편 SF 소설을 원작으로 한 〈스펙트럼〉을 준비 중인 김보라 감독은 자신의 내면이 아닌 타인의 기성 텍스트에서 시작한 이야기를 처음으로 작업하고 있다. 그는 시행착오를 겪고 루틴을 구체화하는 과정에서도 원래 고수하던 창작 철학은 변하지 않았다는 흥미로운 경험담을 들려주었다.

〈스펙트럼〉진행 상황은 어떤가요. 마지막으로 소식을 들었을 때는 5고를 쓰고 있다고 하셨는데요.

————

캐스팅고는 5고로 돌리고 지금 6고를 쓰고 있어요. 촬영고에 가까운 수준으로 뽑아내려고 노력하고 있습니다. 캐스팅이 한 달 안에 완료되면 내년 봄쯤 촬영에 들어갈 수 있을 거예요. 가장 이상적인 경우죠.

3년 전 〈스펙트럼〉 연출 소식이 처음 알려졌어요.

————

너무 빨리 기사를 냈나 싶어요. (웃음) 그런데 그럴 수밖에 없었어요. 〈벌새〉 이후에 전 세계에서 오는 이메일을 혼자 처리할 수 없어서 어시스턴트를 따로 고용해야만 했어요. 아무래도 제가 독립 영화 감독이라 모든 연락이 저에게 올 수밖에 없는 상황이었던 것 같아요. 당시엔 저에게 들어오는 제안들을 거절하는 게 일이었고, 너무 힘들었어요. 그러다 차라리 〈스펙트럼〉을 연출한다는 소식을 알리면 상황이 나아질 것 같다는 판단에 기사를 낸 거예요. 실제로 저에게 오는 연락이 많이 줄었고요.

업무 메일을 관리하는 어시스턴트를 따로 고용한 이유는 뭐가요.

―

일의 효율을 높이기 위해서는 이메일 관리해주는 사람이 있는 게 좋다고 하더라고요. 제가 스트레스를 받을 땐 문장에 피로가 묻어날 때가 있는데, 나중에 미안해지기도 하고 하나하나 신경 쓰는 게 힘들었어요. 물론 처음엔 제가 비용을 써야 하는 부분이니 고민이 됐죠. 그런데 부가적인 업무로 인해 집중력이 분산되기보다는 어시스턴트에게 위임하는 것이 결국 시나리오 작업에 큰 도움이 되기에 결정했어요. 예전에 강의할 때 만났던 학생 분이 파트타임 아르바이트처럼 이메일을 관리해줬는데, 지난해 메일이 한창 버거울 때 도움을 많이 받았습니다.

〈스펙트럼〉 원작은 언제 발견하신 거예요?

―

2020년 여름에 변승민 클라이맥스스튜디오 대표와 만난 적이 있어요. 그러다 김초엽 작가의 《우리가 빛의 속도로 갈 수 없다면》을 봤냐고, 어느 작품이 가장 좋았냐는 이야기가 나왔어요. 둘다 〈스펙트럼〉을 꼽았어요. 너무 신기하다면서 함께 〈스펙트럼〉을 영화화해보지 않겠냐는 말이 나온 거죠. 몇 주 뒤에 바로 판권을 구입했어요. 일사천리로 일이 진행돼서 눈떠 보니 계약하고 기사가 난 상황이 됐어요.

이후 진행 과정은 어땠나요. 첫 상업 영화이고, SF 장르잖아요.

처음 1년은 걱정이 많았어요. 내가 어쩌자고 과학 지식도 별로 없고 SF 장르 덕후도 아니면서 〈스펙트럼〉을 한다고 했을까. **그래서 SF가 무엇인지 미친 듯이 독학했어요. 1년이 딱 지나니까 SF가 뭔지 조금 알겠더라고요. 그때부터는 시나리오를 쓰는 게 무척 행복했어요.** 마음의 평화가 찾아오고 각색고의 퀄리티도 점점 좋아졌어요. 지금은 자신감이 붙어서 심지어 SF 비평 모임도 해요. (웃음) SF를 공부하고 나서 알았어요. 전문가만큼 과학을 아는 건 영원히 불가능하고, 자기가 아는 선에서 지식을 내 것으로 만드는 게 중요한 것 같아요. 그런 말이 있잖아요. **못할 것 같은 일을 할 수 있다고 말한 후 그게 현실이 되게끔 하라고.** 저한테 이번 〈스펙트럼〉이 그런 과정에 있습니다.

나 자 신 을

계 속 깨 야 하 는 이 유

김초엽 작가의 원작을 각색하는 방식에 있어서도 고민이 많은 시간이었을 테고요.

신체 조직을 이식받은 후 자기 것이 되기까지 시간이 걸린다고들 하잖아요. 원작이 숙성되고 저에게 들어오는 시간이 필요했어요. 저는 막연하게 창작보다 각색이 더 쉬울 거라고 생각했는데 오히려 더 어렵더라고요. 그런데 대학원 친구가 제 이야기를 듣더니 "언니, 각색 수업 안 들었어요?"라고 하는 거예요. 저는 안 들었거든요. (웃음) 그 수업에서도 선생님이 그런 말을 했대요. 각색이 시나리오를 쓰는 것보다 어렵다고요. 사실 3고까지는 제가 갖고 있던 에고를 버리지 못했어요. 우주 설정은 김초엽 작가님의 원작을 거의 바꾸지 않았지만, 근미래 설정은 너무 화려하게 제 개성을 드러내면서 썼거든요. 3고를 좋아해주시는 분들도 많았지만 결과적으로 영화 시나리오로는 집중과 생략이 되지 않는, 너무 많은 이야기를 담고 있는 글이 됐어요. 물과 기름처럼 제 것과 원작이 분리돼 있었던 거죠.

그래서 4, 5고를 거치면서 제가 썼던 근미래 설정을 과감하게 쳐내고 원작에 어울리는 설정으로 바꿨어요. 김초엽 작가님의 글과 나의 것이 잘 어우러지면서 신체 조직 이식이 잘 된 것 같다고 생각했어요. 그렇게 1년을 보내면서 배운 게 많아요. 〈스펙트럼〉은 처음으로 다른 사람의 이야기를 각색한 작품이었는데, 제 것을 넣어야겠다고 고집을 부리다 보면 좋은 작품이 될 수 없다는 것을 알았죠.

〈벌새〉는 감독님 안에서 시작한 영화지만 모두가 공감할 수 있는 보편성이 담겨 있죠. 〈스펙트럼〉은 에고를 버리는 데 시간이 걸렸다고 하셨고요. 각각의 경험에서 얻은 교훈이 본질적으로 맞닿는 부분이 있었을까요.

영화를 만든다는 건 결국 자기 자신과 만나는 과정이에요. 내면에서 시작한 작품이라고 자서전이 되어버리면, 그야말로 '폭망'하죠. (웃음) 그래서 작업자로서 많은 사람들에게 피드백을 받으면서 나를 완전히 떼어내는 작업을 했어요. 주인공은 은희지만 다른 캐릭터에도 서사를 부여하는 것이 중요했어요. 〈스펙트럼〉은 이미 있는 이야기에서 나를 발견하면서 제가 왜 이 작품에 끌렸는지 알아가는 과정을 거치면서 소통했죠. 제 에고가 너무 많이 들어갔다는 것을 인정하고 1년 넘게 썼던 수십 페이지의 시나리오를 버린다는 건 사실 굉장히 아까운 일이에요. 그런데 막상 버리고 나니까 속이 후련하더라고요. 아예 시도조차 하지 않았다면 몰랐을 거예요. 인생도 그런 것 같아요. 마치 도자기 장인이 도자기를 만들었다가 깨는 과정을 거치면서 더 좋은 도자기를 만들 수 있는 것처럼요.

지금 〈스펙트럼〉을 준비하는 심정은 어떤가요.

너무 행복해요. 가끔은 실감이 안 날 때도 있어요. 상업영화를 하게 되면 굉장히 힘들다는 이야기도 많이들 하시는

데, 아직은 힘들지가 않아요. 예산 관리를 누군가 맡아서 해
주고, 제가 연출료를 받아가며 일을 한다는 것도 너무 좋고.
(웃음) 〈벌새〉 때는 너무 많은 걸 도맡아 해야 해서 노동이 분
산됐거든요. 〈스펙트럼〉을 준비할 땐 시나리오만 신경 쓰면
되니까 스트레스가 덜하더라고요. 작업자로서 장르를 탐험
하는 과정도 너무 좋고요. SF 영화 쪽은 백인 남성들의 제국
주의 서사가 많은데, SF 소설을 읽을 때 주로 여성 작가들 작
품을 읽으니까 완전히 다른 서사의 영역이더라고요. 내가 원
래 알고 있던 SF에서 시야가 확장되면서 내가 만들 SF 영화
를 어디에서 가져오면 될지 배워나갔어요. **어설프게 다른 작품
을 흉내 내지 말고 여성 감독이 만드는 SF, 제국주의 서사가 아닌 다른
관점에서 만드는 영화를 제가 할 수 있는 영역 안에서 잘 이끌어내야겠
다고 다짐했어요.** 〈스펙트럼〉을 끝내고 나면 정말 많이 배우겠
다는 생각에 무척 기뻐요.

보 편 성 과

소 수 에   대 한   고 민 들

감독님 개인의 이야기에서 시작한 〈벌새〉가 보편적인 서사

시도조차
하지 않으면 몰라요.

마치 도자기 장인이
도자기를 만들었다가
깨는 과정을 거치면서

더 좋은 도자기를
만들 수 있는 것처럼요.

로 확장되기까지 지금보다 더 많은 고민이 있었을 겁니다.
영화를 완성하기까지 7년이 걸렸으니까요.

〈벌새〉 때는 시나리오 단계부터 다양한 국적, 연령대의
사람들에게 광적으로 피드백을 많이 받았어요. 나로부터 출
발한 영화가 해외에서도 소급될 수 있는 공동의 이야기가 되
기를 바랐거든요. 그래서 〈벌새〉에서 유니버설한 지점을 찾
으려고 노력했어요.

한번은 스웨덴 친구가 〈벌새〉 시나리오를 읽고 자신도
어렸을 때 초라한 도시락을 들고 갈 때마다 항상 수치심을
느꼈다고 하더라구요. 그와 유년기에 느낄 수 있는 어두운
감정에 대해 대화를 나눴어요. 친오빠 친구 하나는 제대 후
돌아와서 집 현관문을 두드렸는데 원래 집에 없던 강아지 소
리가 들려서 '혹시 가족이 나를 놔두고 이사 갔나?'라는 생각
이 본능적으로 들었대요. 그 말을 들으니 〈벌새〉에서 은희가
현관문을 두드리는 오프닝 신이 더 와닿더라고요. 사실 시나
리오 단계에서는 공포영화 같다면서 빼라는 말을 많이 들었
던 신이었는데, 이 오빠의 이야기를 듣고 오프닝으로 해야겠
다고 결심했어요. 한 신의 배치가 어떻게 되느냐에 따라 영
화 전체에 유기적으로 영향을 미쳐요. 〈벌새〉의 오프닝 신도
그랬어요. '이 영화 뭐지?'라고 생각하게끔 만드는 서사가 펼
쳐지니까요. 은희 가족이 떡집에서 일하는 모습으로 영화가
시작했다면 가족 드라마처럼 보였을 거예요.

〈벌새〉를 만들면서 글로벌한 보편성을 고민한 것은 감독님이 외국에서 공부했다는 이력과도 무관하지 않다고 생각해요. 한국의 영화학교에서 더 공부를 하거나 현장 경험을 일찍 쌓을 수도 있었는데 유학을 결심했던 이유는 무엇이었나요.

—

사실 제가 유학 이야기를 할 때 부채감을 느끼기도 해요. 모두가 갈 수 있는 건 아니잖아요. 담백하게 이야기하면, 정말 가고 싶던 한 영화학교에 떨어졌어요. 한국에서 그 학교가 아닌 곳을 다니기는 싫었고, 뒤이어 지원한 〈씨네21〉이나 기업에도 다 떨어져서 유학을 결심하게 되었어요. 그 선택이 제게 인생의 전환점이 됐습니다. 계속 한국에 있었다면 굉장한 분열 속에서 힘들게 살지 않았을까요. 삶이 참 오묘하다고 느끼는 게 그 순간에는 잘 인지하지 못했던 선택 하나가 사람을 다른 방향으로 이끌 수 있다는 점이에요.

저는 페미니스트였고 예전부터 여성 차별이 만연화된 사회에 항상 화가 나 있었거든요. 20대 초반에 찾았던 '언니네'라는 페미니즘 공동체는 거의 생명수 같았는데, 그 밖으로 나오면 어딜 가든 페미니즘과 거리가 먼 사람들이 많았어요. 주변은 평화로운데 나만 왜 예민할까, 제 자신이 부끄럽기도 했어요. 그러다 유학을 갔더니 살맛이 나더라고요. (웃음) 교수님이나 사무처장도 성소수자였고, 시나리오 수업을 들을 때는 수강생의 절반이 LGBT였어요. 게이 프라이드 시기에는 모두의 페이스북 피드가 무지개고, 페미니즘 이슈가 터

지면 교수님들이 페이스북에 분노에 찬 장문의 글을 올려요. 늘 화가 나 있던 김보라가 남녀 할 것 없이 급진적인 페미니스트들이 많은 콜롬비아대학교에 가니까 상대적으로 조신한 사람이 됐어요. (웃음) 그래서 조용히 제 것만 하면 되겠다는 생각에 공부만 집중할 수 있었죠. 그때 성차별로 인한 스트레스가 얼마나 학업 및 삶의 많은 것들에 지장이 될 수 있는지에 대해서도 깨달았어요. 소수자 이슈에 예민한 장에서 학교를 다니는 경험은 새로운 감각을 선사했고, 한국에서의 페미니즘 리부트에 그래서 더 기쁜 마음입니다.

김보라 감독이 대학생이었던 2000년대 초는 페미니즘이 대중 담론으로 떠오르기 전이었습니다. 상대적으로 일찍 페미니즘에 눈을 뜬 셈인데 페미니스트 정체성은 언제 처음 생겼나요.
——

제가 초등학교 3학년 때 쓴 일기 중 '남존여비'라는 말에 비분강개한 글이 있더라고요. 학교에서 남존여비라는 단어를 배웠다, 왜 남자만 존중받고 여자는 낮춰야 하는 것인지, 남자들이 여자들을 하대하거나 여자들이 '서방님' '어머님' 같은 호칭을 쓰는 것도 불쾌하다는 내용이 담겨 있었어요. 사람은 변한다고 하지만 본질은 일찍 알게 되는 건지도 모르겠네요. 그때부터 페미니스트로 살아서 삶이 피곤했나봐요. (웃음) **그런데 저는 페미니즘을 알게 된 게 정말 축복이었어요. 제 삶**

전반과 직업의식에도 큰 영향을 받았습니다. 물론 지금은 페미니즘이 저를 구성하는 무수한 것 중 하나지만, 그 당시에는 덕분에 제 이야기를 만들겠다는 마음을 가질 수 있었어요.

증명하기 위함이 아닌,

일에 대한 완전한 사랑

영화 일을 해야겠다고 처음 마음먹은 건 언제쯤이었나요.

영화감독이 되어야겠다고 결심하게 된 드라마틱한 서사는 없어요. 동국대학교 연극영화과를 다닐 때도 다른 사람들은 3대 영화제를 석권하는 게 꿈이라는 포부를 밝히는데 저는 그렇게 큰 꿈은 없었거든요. 계원예고 연극과를 갔던 것도 인문계를 가기 싫어서였어요. 다만 그때 영화를 보면 현실과 다른 세상이 있어서 좋았어요. 저는 어린 시절보다 현재가 충만하고 좋아요. 유년기에는 별로 즐겁지 않았고 솔직히 세상이 역겹다는 생각을 많이 하면서 살았어요. 〈벌새〉는 저의 징글징글한 시절의 씻김굿을 한 작품이라고 할 수 있죠. (웃음) 그런데 수능 마치고 추운 겨울밤 네티앙 영화 동호회 사람들과 〈아메리칸 뷰티〉를 보고 나오는데 세상이 다르게 보이는 거예요. 영화를 엄청나게 잘 아는 건 아니었지만, 좋은 영화의 힘이 무엇인지는 체감했죠.

연출이라는 진로는 고등학교 때 정했나요?

저는 연극 연기를 했어요. 원래 연기과라고 해도 연극, 영화를 모두 배워서 영화 수업도 듣기는 했지만요. 그런데 대학에서는 영화 연출을 선택했어요. 〈계속되는 이상한 여행〉이라는 단편 영화를 만들 때 세 시간 만에 스물 몇 컷으로 구성된 편의점 신을 찍었는데 아드레날린이 폭발해서 정말 재미있었던 기억이 나요. 그리고 그 감정을 누구에게도 말하지 않고 저 혼자 간직하고 싶었어요. 그리고 영화가 나를 표현할 수 있는 좋은 도구가 됐어요. 대학교 다닐 때 저를 강남에서 온 공주님 취급하면서 "너는 영화감독 말고 딴 거 해"라고 말하는 사람들도 있었거든요. 그런데 첫 번째 단편 영화를 만들고 나니 "보라야. 네가 성장했구나"라고 하더라고요. (웃음)

같은 학생에게 그런 평가를 했다는 게 재밌네요. (웃음)

유년기에 대치동에 살 때는 방앗간 집 딸이라 놀림 받던 제가, 대학에 와서는 '강남'이라는 지역성으로 분류되는 걸 보면서 많은 걸 느꼈어요. 영화를 만든다면 이러한 구별 짓기, 분별, 이분법을 넘어 전체를 사유하고 싶다고요. 물론, 대학 시절에 만든 단편들은 내가 누구인지를 효율적으로 알리는 도구였던 것이 사실입니다. 그러나 대학원에 들어간 뒤에는 자기 표현으로서의 영화 너머를 향하게 되었죠. 그 시기부터 영화를 기술·예술의 관점에서 잘 만들고 싶다는 작업자로서의 태도가 생겼습니다. 어떤 컷을 8초 동안 보여주느냐, 10초 동안 보여주느냐, 14프레임이냐, 20프레임이냐에 따라 달라지는 게 편집의 과학 같더라고요. 당시엔 촬영에도 흥미를 느껴서 관련 잡지를 구독하기도 했고요. 영화 만들기를 기술적으로 연마하고 싶었어요.

타인의 편견에서 벗어나고 싶어서 더욱 완벽주의자 성향이 된 걸까요.
—

어떤 부분은 그럴 수 있겠죠. 그런데 무엇을 하든 잘하고 싶은 마음이 제일 컸어요. 대학교 다닐 때는 나를 증명하기 위해 좋은 영화를 만들어야겠다는 생각이 분명 있었지만, 20대 중반부터는 그냥 제 자신이 장인이 되고 싶었습니다.

스스로 장인이 되고 싶다는 것은 어떤 의미인가요.
—

저는 봉준호 감독님이나 박찬욱 감독님을 정말 존경해요. 〈기생충〉을 보면서 이 시퀀스의 리듬은 장인의 것이다 이런 생각을 했고, 〈헤어질 결심〉도 소름 끼치게 좋았어요. 한번은 봉준호 감독님이 어느 인터뷰에서 결혼식 비디오 촬영 아르바이트를 하던 시절 얘기를 하신 적이 있는데, 갑자기 눈물이 나더라고요. 아르바이트를 하면서도 자기 일을 완벽하게 수행해내려고 노력했던 마음이 너무 느껴졌어요. **제가 삼각김밥을 만들든 칼럼을 쓰든 영화를 만들든 거기엔 제일 잘 해내고 싶은 마음이 있고, 그건 누구에게 나를 증명해 보이고 싶은 게 아니라 만드는 대상에 대한 '사랑'이에요.**

영화라는 상을 잘 차려서 만드는 사람도 먹는 사람도 만족할 수 있게 하는 게 제 목표인 것 같아요. 〈스펙트럼〉이라는 영화가 잘 만들어져서 극장에서 영화를 본 사람들이 돈 아깝지 않다는 생각이 들게 만들고 싶은 마음이 커요. 그래서 지금 마음이 편안해진 것도 있어요. 어릴 때는 '나를 증명해야겠어!'라는 마음이 컸던 것 같은데, 그러면 사람이 뭐 하나에도 잘 휘둘리고 힘들어져요. 〈벌새〉가 운 좋게 잘 되면서 그런 조바심이 떨어져나갔어요. 사실 〈벌새〉를 준비하면서 바닥도 많이 쳤거든요. 마음 졸이고 애가 탄다고 꼭 결과가 좋은 건 아니라는 걸 배웠어요. 〈스펙트럼〉을 준비할 때는 관객에게 맛있는 음식을 어떻게 선사할 것인가 거기에 집중하니까 오히려 스트레스가 많이 줄었어요. 본격적인 촬영에 들어간 후에도 이 마음을 잘 지키고 싶어요.

무엇을 만들든

거기엔 제일 잘 해내고 싶은
마음이 있고,

그건 누구에게
나를 증명해 보이고 싶은 게 아닌,

일에 대한 진심이에요.

필요한 것만

집중해도 좋다

〈벌새〉를 만들기까지 7년이란 시간이 걸렸어요. 사람들에게 알려지기 전의 김보라는 어떻게 살았나요.

———

〈벌새〉를 만들던 시기의 제 삶은 가시적인 '성장'이 없는 시기였어요. 그러나 제 내면에는 역동적인 변화가 일어났어요. 그 시기에 명상과 내면 탐구를 깊게 했거든요. 누구나 삶에서 퇴거의 시기가 있잖아요. 그때가 유년기·가족 트라우마 작업을 하기 좋은 때인 것 같아요. 자신을 크게 변화시키고 결국 큰 힘을 선물해주거든요.

영화감독은 정기적인 수입이 있는 직업이 아니잖아요. 어떻게 생계를 해결했나요.

———

강의를 진짜 많이 했어요. 그리고 정말 열심히 해서 강의 평가도 좋고 학생들도 수업을 무척 좋아해줬어요. 강의료는 좀 빠듯했지만 그래도 다행이었던 게 딱히 돈 쓸 데가 없었어요. 강의를 계속 하며 내 삶이 어디로 가는 걸까, 불안한 날들이 있었는데 요즘은 그 시간을 기쁘게 회상하게 되더라고요. 이유는 예전에 제 수업을 들었던 분들이 감독 데뷔를 해요. 성결대에서 강의할 때 〈같은 속옷을 입는 두 여자〉의 김세인 감독, 〈생각의 여름〉의 김종재 감독을 가르쳤고, 이번에 〈홀〉로 칸영화제 라 시네프La Cinef 섹션에 진출한 황예인 감독은 단국대 강의할 때 만났어요. 일반 직장인들을 위한 미디어 수업을 할 때는 〈그 겨울, 나는〉의 오성호 감독님이 수강하셨고요. 미래를 알 수 없어 스산했던 그 시절, 수업에서 만났던 분들이 아름다운 영화들로 입봉하니까 먹먹하기도 하고 그때 시간이 헛되지 않은 것 같아 감사해요. 〈벌새〉 관객과의 대화 GV 때 제 수업을 기억하는 분들이 찾아오기도 했는데, 그때마다 너무 반갑다며 제가 물개 박수를 쳤어요. (웃음) **무엇을 하든 이렇게 서로 사랑을 나누는 게 삶의 행복 같다는 생각이 들어요.**

적극적으로 술자리를 갖는 유형은 아니시잖아요. 업계 내 네트워크는 어떻게 관리하고 계세요?

경험상 어차피 만날 사람은 만나고, 같이 일할 사람은 같이 일하게 돼요. 굳이 저와 맞지 않는 술자리를 다닐 필요가 없다는 것을 진작에 깨달았어요. 저는 미국 CAA라는 에이전시와의 계약을 했는데요. 감사하게도 그곳에서 항상 다양한 분들과 미팅을 잡아주세요. 심지어 한국 배우들을 만난 적도 있어요. (웃음) 또 미국에서는 감독에게도 매니저를 붙여 주는데, 그분들이 감독과 잘 맞는 사람들을 소개시켜줘요. 〈벌새〉 시나리오집에서 함께 대담했던 앨리슨 벡델 작가나 〈인터스텔라〉의 린다 옵스트 프로듀서도 그렇게 만났어요. 한국에서는 또래 감독들과 함께 무언가를 더 도모하고 싶은 마음이 있어요. 클라이맥스스튜디오 변승민 대표님이 윗세대 영화인들은 활발한 교류를 한 반면, 우리 세대는 그것이 부재한 것 같다고 하신 적이 있는데 공감해요.

루틴

그리고 클래식의 힘

시간 관리 잘하는 타입이시죠? 연락을 하다 보면 느껴져요. (웃음)

———

무라카미 하루키의 루틴을 보면서 많이 반성했어요. 솔직히 말하면 영화는 가끔 만들 수도 있는 거니까, 영화감독으로서의 루틴을 못 만들고 있었던 거예요. 〈벌새〉 때 그냥 제 몸을 갈아서만 일해서 결국 병이 났어요. 제가 너무 무모하게 일했다는 것을 깨달았죠. 〈스펙트럼〉을 시작하고는 무

"마스터클래스라는 미국 웹사이트에서 마틴 스코세이지, N.K. 제미신 등 좋은 작가들의 강연을 많이 들을 수 있는데, 다들 노란 옥스퍼드 노트를 많이 쓰더라고요. 아무리 기술이 발달해도 작업 효율이 가장 높은 것은 아날로그라는 걸 확인했어요. (웃음) 저도 시나리오 시퀀스를 짤 때는 따로 앱을 쓰지 않고 무조건 이 노트를 써요. 신 배열을 할 때는 인덱스 카드를 이용해 마치 연극처럼 막 단위로 작업해요. 중요한 신은 빨간색으로 표시하고요."

조건 주말에 쉬고, 주중에는 아침 9시부터 저녁 7시까지만 작업해요. 그렇다고 저녁 때 자유롭게 놀러갈 수는 없더라고요. 여가는 주말에 보냅니다. 주중에 사람을 만나면 집중이 깨져서 아예 주말에만 약속을 잡는다고 말을 해놨어요. 카카오톡도 저녁에 확인하거나 아예 전화를 꺼놓습니다.

3, 4, 5고 쓸 때 확실히 자리 잡은 루틴이 있어요. 특히 5고를 쓸 때는 거의 매일 따랐어요. 아침에 일어나서 아주 천천히, 15분 정도 태양 경배 요가 한 세트를 해요. '영화나 인간관계 외에는 게으르고 설렁설렁하게 하자'가 요즘의 목표예요. 그래서 딱 한 세트만 하게 됐어요. 그 다음 소울 싱크 명상(고대 명상법에 현대의 과학적 접근법을 접목하여 고안된 명상법. 간단한 호흡법을 병행해 몸과 마음을 이완하고 더 확장된 의식을 깨워낸다.)을 20분 정도 해요. 그리고 오전과 오후에 각각 두세 시간씩 작업하고 저녁 때는 SF 소설을 읽거나 일기를 씁니다.

식사나 운동은요?

밥은 정말 단순하게 먹어요. 아침에 치아시드 푸딩이나 오트밀, 시리얼을 먹고 점심에는 채소찜, 고구마, 삶은 계란, 가끔 닭가슴살을 먹어요. 저녁은 먹고 싶은 것을 먹고요. 제가 직접 만들어 먹는 음식도 굉장히 한정돼 있어요. 점심으로는 5분 만에 만들 수 있는 삼각김밥, 저녁으로는 김치볶음밥 정도? **그렇게 기계적인 루틴을 만들어야 글을 쓸 수 있더라고요**. 3고 쓸 때는 저녁 때 런데이를 했어요. 그렇게 몸을 쓰면 과부하가 왔던 머릿속 스트레스가 바닥으로 떨어지는 느낌이 들어요. 그리고 평소 시나리오를 쓸 때 몸 관리를 많이 해줘요. 과잉 각성된 신경을 풀기 위해서 온갖 마사지 도구를 다 활용하고 있습니다.

따로 작업실을 두지 않고 집에서 글을 쓰시는 데 이유가 있나요.

〈벌새〉 끝나고 이곳으로 이사왔어요. 사실 절반은 남편이 있는 샌프란시스코, 절반은 한국에서 보내고 있거든요. 작년에는 미국에 더 많이 있었고요. 샌프란시스코에 페이지 스트리트라는 작가 커뮤니티가 있어요. 카페를 개조해서 만든 작업실이 있는데 그곳에서 가장 작업이 잘 됐어요. 아직 한국에서는 비슷한 커뮤니티를 발견하지 못해서 혼자 집에서 하고 있는데, 막판에 집중력 있게 글을 써야 할 때는 하동 게스트하우스나 제작사에서 숙박비를 지원해준 호텔에 갈 때도 있어요. 비싼 만큼 열심히 해야 한다는 생각이 들어 퀄리티가 확 올라갑니다. (웃음)

일상에서 벗어난 곳에 갈 때 작업 효율이 올라가는 유형이시군요.

그런 것 같아요. 처음엔 샌프란시스코 집에서 시나리오

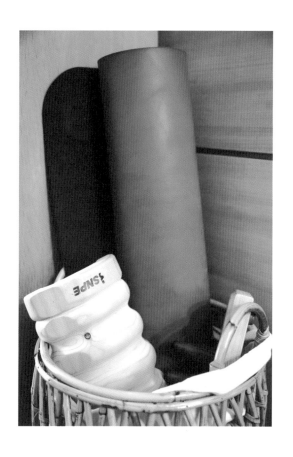

김보라 감독이 쓰는 마사지 도구들.

샌프란시스코 작업실 풍경.

를 썼는데 집중이 잘 안 되더라고요. 사람마다 다르긴 한데 저는 작업실이 별도로 있는 게 작업 효율이 더 올라가요. 그래서 일주일 정도 교열부터 신 배분까지 최종 마무리를 할 때는 호텔에 갈 때가 있어요. **집에 있다 보면 제 물건에서 나오는 산만한 에너지가 느껴지곤 하는데, 제가 좀 예민해서 그런지 나와 관련된 것이 아무것도 없는 곳에서 확실한 자유를 느껴요.**

거주하는 집도 깨끗하게 해놓고 사시는 것 같아요.
———

제가 집중해야 하는 것에만 집중할 수 있는 환경을 만들었어요. 저는 정리 전문가 곤도 마리에의 신봉자예요. (웃음) 최대한 물건을 버리고 싶어서 당근마켓 거래도 정말 많이 했어요. 그래서 집안에 어떤 물건이 어느 곳에 있는지 다 알아요. 생필품 재고도 모두 정리해놨고요. 저를 두고 남편이 말하기를, 일본의 야구선수 이치로가 하는 방식과 비슷하다고 하더라고요. 그 사람이 매일 똑같은 레시피로 카레만 먹는데, 아내가 레시피를 약간 바꿨더니 바로 알아차린 적이 있대요. 운동 선수들이 운동에만 집중하기 위해 다른 것을 모두 쳐내는 것처럼, 저도 일을 할 땐 다른 정보를 모두 차단해요. 뉴스도 안 보려고 하고요.

요즘 트렌드가 무엇인지 부지런히 쫓아가려고 하는 창작자들도 있잖아요. 그렇게 외부 정보를 차단하는 것에 두려움은 없나요?

요즘 김희애 배우를 보면서 그런 생각을 해요. 시간이 지 날수록 더욱 현재성을 띠는 배우 같다고. 저는 제가 만드는 영화도 그랬으면 좋겠어요. 한 영화평론가 님이 〈벌새〉가 요즘 영화 같지 않다고, 고전적이라고 해주셨는데 저에겐 무척 칭찬으로 들렸거든요. 저는 트렌디한 것을 잘 알지도 못하고 소질도 없어요. 그래서 1950~1960년대 일본영화처럼 정공법으로 가고 싶어요. **클래식한 것은 언제나 트렌디할 수 있어요.** 뉴스를 잘 찾아보지 않게 된 이유 중 하나가 부정적인 뉴스를 많이 보면 저처럼 너무 이입하고 공감하는 사람들은 온몸이 타들어가는 느낌을 받을 때도 있어서예요. 그래서 일종의 뉴스 디톡스를 시작했어요. 인터넷에서 범람하는 뉴스를 보기보다는 〈시사IN〉처럼 좋은 기사를 한데 모아둔 잡지를 한 번에 읽는 게 저에겐 더 좋더라고요.

대신 감독님에게 영감을 주는 원천이 있다면 무엇일까요.

샌프란시스코와 한국, 두 도시에서 사는 삶이 예술가에게는 정말 도움이 많이 돼요. 두 나라의 문화가 다르면서도 서로 교차되는 지점들을 보는 것이 흥미로워요. 제 안에 두 문화가 혼종되어 있음을 느끼고 그 경계에서 삶과 사람들을 더 새롭게 볼 수 있는 게 참 좋아요. 특히 샌프란시스코에 있다가 다시 한국에 오면 망원 한강 공원도 센트럴 파크처럼 이국적으로 느껴지더라고요. (웃음) 명상에서는 대상을 제대로 사랑하기 위해서는 과거의 기억 없이 오늘 처음 만난 것처럼 만나라고 하거든요. 과거의 기억들로 인해 힘들기도 했던 서울이라는 공간이 생생한 현재, 처음 만나는 도시로 다가와서 참 감사해요.

김보라 감독이
몸과 마음을 편하게 만드는 법

창작할 때 결국 중요한 것은 몸과 마음을 관리하는 것이에요. 머릿속에 부정적인 생각이 많아지면 집중력이 떨어져요. 제가 예민한 성격이라 과잉 각성된 신경을 풀어주는 노력을 부단히 해야 해요. 저녁이 되면 곤두서 있던 신경을 다시 가라앉히기 위해 달리기를 하거나 마사지를 해요. 습관을 만들기 위해서는 바꾸고 싶은 걸 눈앞에 두라고 하잖아요. 그래서 마사지 도구가 제 눈에 잘 보이는 곳에 있도록 배치를 바꿨어요. 마사지기로 눈이나 목을 풀어주고 아로마 오일도 발라줍니다. '나무손'이라는 도구도 자주 사용해요. 폼롤러로 말린 어깨도 아침 저녁으로 풀어주고요. 그렇게 기계적인 루틴을 만들었어요.

20대 때부터 일기를 매일 쓴 것도 일종의 자기 생존 방식이었어요. 따뜻한 차를 마신다거나 따뜻한 물로 반신욕을 하고, 향 좋은 바디 오일도 많이 발라줘요. 또 작업하다가 한 시간에 한 번씩 휴식을 취할 때 손을 씻고 제가 좋아하는 향의 핸드크림을 바르면 별 거 아닌데도 확 집중이 되더라고요. 또 스트레스를 받을 땐 찬물 샤워가 효과적이에요. 평소 글을 쓸 때도 몸이 피로하지 않게끔 인체공학 마우스와 모니터 스탠드를 써요. 의자는 일부러 유명한 것을 구입했습니다. 허먼밀러 의자가 한국에서는 무척 비싼데 샌프란시스코에서는 훨씬 저

럼하게 살 수 있거든요. 무엇보다 마음이 중요해요. 내면이 혼란스러우면 작업이 잘 안 되죠. 제가 만든 모든 루틴은 과잉 각성된 상태를 안정화시키기 위한 것들이에요.

가장 도움을 많이 받은 건 명상이었어요. 스무 살 때 처음 명상센터를 가서 그때부터 다양한 공동체를 만났어요. 그리고 가장 잘 맞는 명상 공동체와 명상법을 찾았죠. 주말마다 금강경 외우고 경전 공부하고 진언도 많이 해요. 그런데 꼭 이렇게 수행할 필요는 없다고 생각해요. 슈리 바가반이라는 명상가는 "명상이란 아침에 커피를 마실 때, 커피만 마시는 것"이라고 했는데요. 지금 이 순간 무엇을 하든 그 한 가지 행위를 온전히 하며, 설거지 할 때는 설거지만 하고, 걸을 때는 걷기만 하는 그런 일상의 온전한 알아차림이 명상이니까요.

〈벌새〉 때는 혼자서 모든 일을 해야 하니까 나중에 명상을 놓아버렸는데, 결국 멘탈이 완전히 붕괴되더라고요. 부정적인 생각을 너무 많이 했던 게 영화를 끝내고 나니 부끄러웠습니다. 그래서 〈스펙트럼〉은 행복하게 하자고 마음먹었어요. 중간에 여러 가지 난관이 있었는데도 불구하고 무척 편안한 마음으로 준비 중이에요. 서당개 3년이면 풍월을 읊는다고, 나름 명상을 오래 했더니 마음이 조금은 편해졌나봐요. (웃음) 최근 인도에 명상하러 갔을 때도 그곳에서 〈스펙트럼〉에 필요한 이미지들이 떠오르더라고요. 명상이 잘되는 날에는 정말 창작의 영감을 많이 받아요.

가진 재능을
모두

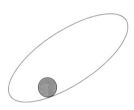

발견해내는 일

박혜진 뮤지션·배우·미술가

1997년 어어부 프로젝트 1집 '손익분기점'을 발표하며 홍대 인디밴드 1세대를 연 장본인. 90년대부터 꾸준히 미술 작업을 선보였으며 2017년 국립현대미술관 올해의 작가상 후원 작가로 선정됐다. 본격적으로 연기 활동을 시작한 후 영화 〈삼진그룹 영어토익반〉, 드라마 〈모범택시〉〈이렇게 된 이상 청와대로 간다〉 등에 출연했다.

예술가의 천재성을 하늘이 점지해주는 것이라면, 백현진은 신이 예체능 재능을 '몰빵'한 아티스트다. 백현진의 첫 번째 솔로 앨범 '반성의 시간'에 추천사를 쓴 박찬욱 감독, 홍상수 감독을 비롯한 많은 예술가가 그의 팬을 자처했고, 장영규 음악 감독과 함께한 어어부 프로젝트와 고故 방준석 음악 감독과 함께한 방백은 홍대 인디밴드 1세대의 걸출한 행보였다. 미술가로서도 전 세계의 큐레이터들에게 독창성을 인정받으며 개인전을 열고 2017년 국립현대미술관 올해의 작가상 후원 작가로 선정되는 등 입지를 다졌다. 영화 〈삼진그룹 영어토익반〉의 무능하고 질투심 많은 회장 아들, 드라마 〈모범택시〉의 불법 동영상을 유통하는 웹하드 회사 회장, 웨이브 오리지널 〈이렇게 된 이상 청와대로 간다〉의 지질한 진보 성향 시사평론가로 이어지는 백현진의 필모그래피는, 당사자의 표현을 그대로 빌리자면 '한없이 후진 남성'(줄여서 '한남'이란다)을 유형별로 수집해왔다. 백현진을 어디서도 본 적 없는 날것의 연기를 하는 배우로 먼저 접한 사람들은 그가 원래 천부적인 재능을 가진 음악가이자 미술가라는 사실을 접하고 놀라곤 한다. 역으로 아티스트 백현진을 20년 넘게 인지해왔던 이들은 대중 매체에 등장하기 시작한 그가 연기까지 잘하는 모습을 보며 감탄한다.

하지만 그가 가진 재능을 개수로 구분하는 것은 무의미하다. 백현진의 음악과 미술, 연기는 서로 분리되지 않고 본질적으로 연결되어 있다. 레퍼런스 없는 창작을 지향하는 기본 철학은 물론이고, 그는 음악하듯 연기하고 연기하듯 붓을 만지는 아티스트다. "이쪽에서 갈증을 느낀 부분이 저쪽에서 작업하면서 풀리기도 하고, 저쪽에서 일하다가 들뜬 마음이 이쪽에서 차분해지기고 하고, 이쪽에서 돈이 안 되던 일이 저쪽에서는 돈이 되기도 한다." 이는 90년대부터 누구도 따라하지 않고 자신만의 것을 만드는 길을 고수한 결과 자연스럽게 이식된 백현진만의 창작 OS다. 더 나아가 백현진의 작업은 〈디 엔드〉〈영원한 농담〉에 이은 연출 예정작 〈하루 끝의 끝〉으로 완성될 영화 트릴로지, 세종문화회관 S씨어터에서 열릴 예정인 '듣도 보도 못한 쇼' 〈백현진 쑈: 공개방송〉으로도 확장되고 있다. 그의 예술이 어느 영역까지 가닿을 수 있을지는 어쩌면 백현진 본인도 알지 못할 것이고, 그 이전에 그는 성취 지향적인 목표를 세우는 사람도 아니다.

한편 경계가 없는 백현진 같은 아티스트야말로 창작의 비기를 묻기에 가장 어려운 인터뷰일지 모른다. 공부와 노력만으로는 도달할 수 없는 천재성은 누군가가 따라한다고 얻어지는 것이 아니기 때문이다. 하지만 바로 그 이유로 아티스트 백현진의 예술사가 궁금해졌다. 백현진은 타고난 예술가이고, 백현진이 걸어온 길과 스스로도 인지했다는 창작 OS의 안정화는 사람마다 지닌 각기 다른 달란트를 어떻게 다루어야 할지 가늠하는 귀감이 될 수 있다. 30년 넘게 곡을 만들고, 그림을 그리고, 혹은 음악과 미술의 형태로는 소화되지 않는 영감을 해소하는 방식을 고민해온 백현진을 그가 30년 넘게 베이스캠프로 삼아온 연남동에 새로이 마련한 작업실에서 만났다.

9월 세종문화회관에서 〈백현진 쑈: 공개방송〉을 준비하고 있다고요. 배우 김고은, 한예리, 문상훈, 김선영이 출연한다는 소식도 전해졌습니다. 어떤 작품인가요? 일반적인 연극은 아니죠?

———

레퍼런스가 전혀 없는, 듣도 보도 못한 쇼를 만들 거예요. 연극, 퍼포먼스, 스탠드업 코미디, 인터뷰, 음악 공연, 설치 미술이 모두 섞여 있어요. 무언가를 정해놓고 작업하는 편은 아니라서 저도 제가 무엇을 하게 될지 모르겠어요. 지금은 출연진을 섭외하면서 쇼를 소개하는 글을 쓰고 있어요. 세종문화회관에 S씨어터라는 작은 공연장이 있어요. 작년부터 현대무용가 안은미, 뮤지션 이날치 같은 사람들이 참여하면서 실험적인 작품을 올린다는 극장의 정체성을 만들어가고 있는데, 올해는 제가 의뢰를 받은 거예요. 유명한 분들 말고 일반인들도 섭외 중이에요.

올해 미술가로서 개인전과 단체전을 준비하고 있다고 들었습니다.

——

국제적으로 활동하는 황치엔홍이라는 대만 큐레이터가 있어요. 그분이 한국에 왔을 때 국립현대미술관 올해의 작가상 후원 작가 전시를 보고 저에 대해 조사를 좀 했다고 하더라고요. 그리고 아트선재센터를 통해서 저에게 직접 연락을 해왔어요. 대만 관두미술관에서 개인전을 하지 않겠느냐고. 4~5년 전에 이미 정해져 있던 전시예요. 앙카라는 젊은 루마니아 큐레이터가 차세대 미술가들을 선정해 원하는 전시를 할 수 있도록 후원해주는 프로젝트를 하는데, 저도 코로나때 참여했어요. 그 전시가 잘되면서 루마니아 수도 부쿠레슈티에 있는 루마니아 국립미술관에서 또 쇼를 하게 됐다고 하더라고요.

당분간 배우 백현진보다는 미술가 백현진을 자주 보게 되겠네요.

——

드라마 〈나쁜 엄마〉는 올해 초에 크랭크업 했고 그 이후엔 배우로서 일을 안 했어요. 음악가, 미술가로서 일을 좀 하다가 지금은 시집을 준비하고 있어요. 연출가로서도 준비하는 작품이 있고요. 그런데 하반기에는 한두 작품 이상 연기도 하게 될 것 같아요. 대만에서 열리는 개인전과 루마니아에서 열리는 단체전 사이에 헝가리 공연도 있어서 11월 내내 해외에 나가 있어야 해요. 그래서 지금 드라마 섭외가 들어오면 11월에는 한국에 없을 예정이라고 미리 자수하고 있습니다. (웃음)

뮤지션으로서 준비하는 앨범도 예정되어 있나요.

———

제가 하는 밴드 이름이 '백현진씨'예요. 가을에 백현진씨의 첫 정규 앨범이 나와요. 녹음도 어느 정도 됐고 제가 직접 믹싱을 하고 있어요. 한두 달 전부터 두루두루컴퍼니라는 일 잘하는 회사와 함께 제작하고 있습니다. 제가 혼자 하는 전자음악 프로젝트 '심플렉스' 정규 앨범 두 장도 작업을 끝내났는데, 올해 한꺼번에 낼지 한 장만 먼저 낼지 고민하고 있어요. 그리고 제가 음악가, 미술가, 배우로서 지금까지 해왔던 작업을 다룬 책이 한 권 나올 예정이에요. 미술은 구나윤 평론가, 연기는 남다은 평론가, 음악은 제가 발견한 손이상이라는 어마어마한 글쟁이가 글을 쓸 거예요. 그리고 〈문학동네〉 잡지에서 제가 발표했던 글도 재수록될 거고요.

손희상 작가는 원래 활동하던 음악 평론가가 아닌 건가요?

———

한창 페이스북을 할 때 우연히 그분이 쓴 글을 봤어요. 사실 어떤 일을 하는 사람인지, 예전엔 어떤 일을 했는지, 어떤

학교를 다녔는지 아무것도 몰라요. 하지만 글은 알아요. 글만 알면 된 거죠. 글이 어마어마해요. 정말 쉽고 정말 재밌는데, 굉장히 탄탄해요. 그러니까 언어 훈련은 기가 막히게 되어 있는 분인 거죠. 그래서 제가 직접 DM을 보내서 한번 보고 싶다고 했어요. 가끔 너무 뛰어난 분들을 보면 이렇게 제가 먼저 연락을 드릴 때가 있어요.

지난해 250의 〈뱅버스〉 뮤직비디오에 출연한 모습을 인상적으로 봤어요. 무척 파격적인 연기를 하셨던데요. (웃음)
—

바나 김기현 대표와 사는 동네가 같아서 오랫동안 알고 지냈어요. 같이 일을 할까 말까 고민한 건 몇 년 정도 됐을 거예요. 저나 김기현 대표나 어떤 식으로든 예민하고 신중해서 친하다고 해서 바로 함께 일을 하자고 결정하진 않아요. 바나에 있는 250과 언젠가 작업했으면 좋겠다는 이야기도 꾸준히 나눴는데, 우선 뮤직비디오 출연으로 인연을 시작한 거죠. 그때 촬영장에서 250을 처음 만났어요. 그리고 이후에 바나에서 프로듀싱한 뉴진스 앨범과 250의 '뽕' 앨범이 너무 잘 됐죠. (웃음)

로컬적인 게 오히려

국제적으로 될 수 있는 시대

지금 작업실에 오신 지는 얼마나 됐어요?

1년 6개월째 쓰고 있어요. 작년 말부터 올해 초까지 리움미술관에서 열린 아시아 작가들 단체전에 참여했어요. 그동안 아시아 작가 전시는 철저하게 서양 시각으로 바라본 아시아가 담기는 경향이 있었는데, 리움미술관의 곽준영 큐레이터는 그런 필터를 걷어내고 아시아의 눈으로 본 아시아 작가들의 작품들을 꾸렸어요. 운 좋게 작가 라인업에 저도 포함되게 됐죠. 그런데 기존 작업실에서는 리움미술관 전시를 준비하기 어려울 것 같다는 판단에 이곳을 찾은 거예요. 매트리스하나 갖다 놓고 낮잠도 자고, 누워서 작업할 때도 있어요.

정해진 시간에 목표로 한 양의 작업을 끝내는 유형의 직업은 아니잖아요. 올빼미족인가요?

제가 원래 아침 잠이 정말 많은 사람이었어요. 마흔 살 정도까지는 올빼미족 생활을 했죠. 음악 하는 사람 중에는 그런 분들이 많기도 하고요. 그런데 5년 전부터 형, 누나들한테

들었던 대로 거짓말처럼 아침 잠이 사라지더라고요. 그래서 새벽에 일어나서 일할 때도 있어요.

그 자체로 작품처럼 보이는 오브제 혹은 작품에 근접한 무언가가 작업실 곳곳에 널려 있네요.

보이는 것과 들리는 것에 관련된 일을 하는 게 제 직업이 잖아요. **제가 사는 환경 자체를 언제든지 일할 수 있는 조건으로 만들어놔야죠.** 캔버스뿐만 아니라 어디에든 작업할 수 있도록 이렇게 나무판을 크게 설치해둔 거고요. 리움미술관 전시 작업처럼 특정 전시를 위해 작품을 준비할 때도 있지만, 평소엔 작업을 쭉 하고 있다가 전시가 잡히면 거기에 내보내요. 바로 내보내는 작품도, 10년 후에 내보내는 작품도 있어요. 작업할 때 이게 어떤 전시에 내보낼 작품인지, 혹은 내보내지 않을 작품인지 미리 구분하진 않습니다.

음악 작업은 어디서 하세요?

바로 옆 건물이요. 원래 저랑 장영규 형, 달파란 모두 저 건물에 있었어요. 원래 저는 3층만 쓰고 있었는데 영규 형과 달파란이 나가면서 제가 2층까지 쓰게 됐죠. 지금은 2층이 생활 공간 및 음악 작업실, 3층이 미술 작업실이 됐어요. 음악방에서는 작곡과 믹싱, 소리 디자인을 하고 밴드 합주는 거실에서 해요. 녹음은 동네의 제가 오래 신뢰해온 엔지니어가 꾸린 작은 스튜디오에서 하고요.

백현진, 장영규, 달파란이 모두 한 건물에 있던 시절이 있었군요!
___

90년대 중반부터 관계를 맺은 사람들이에요. 2004년의 연남동은 지금처럼 젊은 힙스터들이 모이는 곳은 아니었어요. 그때 저랑 장영규 형이 먼저 저 건물에 들어오게 됐죠. 원래 2층엔 배우 김정영, 김학선 부부가 살다가 그들이 이사 가면서 그 자리에 달파란이 들어왔어요. 그때 영규 형이 발견했던 횟집이나 중국집에 자주 갔죠. 그래서 제가 '맛자랑 멋자랑'이라는 별명도 지어줬어요. (웃음) 지금은 저 혼자 건물을 편하게 쓰고 있어요.

다른 곳으로 이사를 가지 않고 계속 이곳에 머무는 이유는 뭔가요.
___

지금은 동교동 삼거리라고 불리는 린나이 삼거리 쪽에서 제가 태어났대요. 그리고 일곱 살 때까지 강서구 공항동에서 살다가 화곡동으로 이사를 갔고, 고등학교도 강서구에 있는 영일고를 나오게 됐어요. 행정구역상 서울이지만 대문을 열면 논밭이 보이는 곳에서 어린 시절을 보냈죠. 그때 할 수 있는 놀이라고는 개구리 잡는 것밖에 없었어요. 서울 토박이인데 시골 경험을 한 거니까 운이 좋았죠.

방금 운이 좋았다고 표현하셨어요.

———

행정 구역상 서울에 살았는데도 유년기에 도랑에 빠지고 어른들이 가물치를 잡는 모습을 본 경험을 한 거잖아요. 정서적으로 좋은 영향을 받았어요. 강서구는 서울의 변두리예요. 엄청 번화하진 않았지만 그렇다고 낡지도 않았죠. 지금도 가서 보면 바뀐 게 없어서 참 좋더라고요. 이제 질문에 대한 답에 점점 근접해지네요. 그리고 고등학교 졸업 후 홍대 앞으로 넘어왔어요. 그때 영규 형과 어어부 프로젝트를 시작했어요. 나중에 인디 1세대라고 태그를 붙게 한 시절이죠. 그렇게 연남동에서 20년을 살게 됐습니다. 그런데 여기가 너무 편해요. 제가 어디 돌아다니는 것을 좋아하는 사람도 아니고요. 상황만 받쳐준다면 그냥 마포구를 기반으로 계속 일하고 싶어요. 제가 생활하고 작업하는 공간은 마포구면 족해요.

강서구에서 자라고 마포구에서 자리 잡았다는 배경이 아티스트 백현진이 선보이는 작업에도 묻어나는 것 같아요.

———

당연하죠. 어렸을 때는 뉴욕이나 유럽 대도시가 궁금했어요. 그래서 해외를 많이 다니면서 작업을 해봤는데 지금은 별다른 호기심은 없어요. 그쪽이 재미가 없다는 게 아니라 마포구에서 벌어지는 일만 해도 저에게 충분한 소스가 됩니다. **마포구 지역 주민으로 이곳에서 성실히 생활하면서 갖는 바이브로 작업하는 것이, 우스갯소리로 말하자면 국제적으로도 '먹힌다'는 것을 이제는 알아요.** 프로젝트 팀 '백현진씨'로 발매될 정규 앨범 타이틀도 '서울식'이에요.

해외에서도 오히려 한국의 특정 동네에 기반을 둔 작업물에 관심을 보일 테고요.

─

요즘 K콘텐츠가 난리래요. 국제적으로 프로그램 좋기로 손꼽히는 갤러리에서 한국 작가들에게 먼저 연락을 한대요. 예전에는 예일대나 로열컬리지를 나와도 같이 일하자고 하는 경우가 거의 없었거든요. 저는 이게 한국의 위상이 달라졌음을 보여주는 신호라고 봐요. 결정적인 계기는 BTS였던 것 같아요. 7~8년 전에도 동유럽에 가면 K드라마를 보고 배운 한국어로 말을 거는 젊은이들이 있었지만, 그 이후에 BTS를 위시한 K팝이 전 세계적으로 터졌으니까요. 지금은 "드라마, K팝 말고 또 다른 것도 있나?" 하면서 서브 컬처를 찾는대요. 그래서 저와 루시드폴이 헝가리에서 하루씩 공연을 하게 됐어요. 한국어를 잘 다루는, 이른바 가사가 좋은 싱어송라이터를 골라 초청한 것이라고 하더라고요.

K콘텐츠의 위상이 높아지면서 아티스트들의 작업 저변도 넓어진 거네요. 이런 상황이 반가우시죠?

———

완전 땡큐죠. 말도 안 되는 일이 벌어지고 있어요. 할리우드 영화에서나 봤던 제작사들이 한국 감독과 함께 작업하잖아요. 미술이나 인디 음악 쪽에서도 그런 움직임이 시작된 거예요.

나중에 OTT 드라마에 출연하는 모습을 보고 "어? 우리 갤러리에서 전시했던 작가인데?"라고 놀라는 사람들도 있겠어요. (웃음)

———

넷플릭스의 힘이 정말 크더라고요. 몇 년 전 이미 그런 반응이 있었어요. 제가 퍼포머로서 박경근이라는 작가와 협업한 작품이 스위스의 한 장소에서 전시된 적이 있었는데, 제 얼굴을 보고 "넷플릭스에서 본 배우다!"라고 말한 사람들이 있었대요. (웃음)

나는 그대로이고

사람들의 시선이 바뀌었을 뿐

예술가가 되어야겠다고 정체성을 처음 다진 건 언제였나요.

중학교 때 LP를 사 모으는 학생이었어요. 그냥 학교에서 "쟤 음악 좀 듣고 영화 좀 본다"라는 말을 듣는 정도였죠. 교내에서 밴드를 조직할 실천력은 없었고 단순하게 음악을 좋아하는 청소년 중 하나였달까. 나중에 밴드 같은 것을 하면 재밌겠다고 막연하게 생각했어요. 그러다 고등학교 때부터 책을 읽으면서 예술가로 살고 싶다고 마음먹었습니다. 국민학교, 중학교, 고등학교를 거치면서 저는 조직 생활을 할 수 없는 사람이라는 것을 깨달았거든요. 기성세대에 대한 불신도 가득했고요. 하지만 강서구 변두리에 살면서 미술관 한 번 못 가본 청소년에게 예술은 너무 추상적이고 막연한 세계였어요.

그러다 고등학교를 졸업할 때쯤 친누나 덕분에 좋은 예술들을 많이 알게 됐어요. 최정화나 이불, 지금은 고인인 박이소 같은 미술가, 현대무용가 안은미, 포토그래퍼 오형근 같은 분들이요. 그들의 전시를 열심히 보러 다니면서 그분들이 이야기하는 자리에도 꼈어요. 제가 웃기다면서 예뻐하고 술도 사주니까 너무 좋았어요. "너 페드로 알모도바르 영화 봤어?" "아베 코보 작가의 《모래의 여자》 읽었어?" 그런데 저는 그들이 말하는 콘텐츠를 전혀 알지 못했어요. 같이 놀려면 무슨 의미인지 알아들어야 하잖아요. 정신없이 형, 누나들의 술자리를 따라다니고, 하나라도 더 주워듣고, 그들의 취향을 좇아갔어요. 지금 생각해 보면 일종의 훈련을 한 거죠. 그렇게 그분들이 얘기하는 문학, 영화, 미술, 음악 얘기를 주워듣고 같이 어울려 다니면서 어깨도 으쓱해졌는데, 어느 순간 깨달았어요. 이건 제 것이 아니라고요.

그래서 직접 창작 활동을 하기 시작한 거군요. 장영규 음악 감독과 처음 만난 것도 그쯤인가요? 미술 전시는 언제부터 시작했어요?

———

제가 고등학교 때부터 써놓은 글이 있었어요. 거기에 멜로디를 붙여서 무반주로 흥얼거리는 모습을 보고 재미있다고 말해준 분들이 있었죠. 그런데 그때만 해도 제가 악기를 못 다뤄서 제가 부르는 노래를 음악적인 형식으로 구현할 능력이 없었거든요. 당시 현대 미술 쪽에서 굉장히 두각을 나타내던 누나가 음악하는 사촌 동생이 있다면서 영규 형을 저에게 소개해줬어요 그게 1994년이었어요. 그 다음해부터 제가 만들고 영규 형이 프로듀싱한 곡을 홍대 앞에서 공연했죠. 시장에서 성과는 없었지만 본격적으로 제 곡을 갖고 음

악가 생활을 시작했어요. 처음 미술 전시에 참여한 건 1996
년, 학교는 그때 이미 그만뒀어요.

90년대엔 음악가로서 시장에서 성과가 없었다고 표현하셨지
만 눈 밝고 귀 밝은 사람들에게 어어부의 음악은 일찌감치 주
목받았죠.
——

미술가로서는 소소하게 작업을 해온 거고, 어어부는 홍
대 앞 인디신이 이슈로 떠오르면서 회자가 됐었죠. 그러다
장선우, 홍상수, 김지운, 박찬욱 감독에게 차례로 연락이 왔
어요. 나중엔 류승완 감독, 김기덕 감독, 임상수 감독에게도
연락이 오면서 영화 음악 작업에 많이 참여하게 됐죠. 그러
다 감독들이 자꾸 저한테 연기도 시키더라고요. (웃음)

배우로서 카메라 앞에 처음 선 건 언제였나요.
——

장영규 형이 영화 〈반칙왕〉의 음악감독을 맡고 저는 주
제곡과 삽입곡을 불렀어요. 그때 김지운 감독님이 영규 형
과 내가 룸살롱에서 연주하는 오브리밴드 역을 해주면 설렁
탕을 사준다고 해서 처음으로 연기를 하게 됐어요. (웃음) 이
후에 단편 영화에서 연기를 조금씩 했고, 2000년대 초반부
터 독립 영화에 종종 출연했죠. 〈뽀삐〉를 연출한 김지현 감
독의 언니 김나영 씨가 좋은 작업을 많이 해온 현대미술가예

요. 자매가 〈바다가 육지라면〉이라는 독특한 형식의 작품을 만든 적이 있는데, 그때 저도 참여했어요. 그 인연으로 김지현 감독이 〈뽀삐〉를 만들 때 연락이 왔어요. 〈꽃섬〉은 송일곤 감독의 단편영화 〈간과 감자〉를 보고 흥미를 느끼던 와중 우연히 인연이 닿았고, 그분도 어어부의 음악을 좋아해서 서로 마음이 열려 영화 출연까지 이어졌죠.

개인적으로는 드라마 〈내일 그대와〉 〈붉은 달 푸른 해〉를 보면서 연기를 신기하게 하는 배우라고 인식하기 시작했어요. 그 전에도 아는 감독들 사이에서는 알음알음 백현진의 연기가 회자되지 않았을까 싶은데.
——

전혀 아니었어요. 제가 생각하는 연기가 자연스러운 배우들, 이를테면 윤제문 같은 사람에게 연락을 받기 시작한 건 〈경주〉 때부터였어요. 하지만 업계에서 받는 콜은 없었죠. 제가 처음으로 찍은 드라마가 〈내일 그대와〉예요. 당시 대부분의 반응은 "일반인 아냐? 나도 연기 하겠다"였어요. 시장에서 연락이 오기 시작한 건 〈삼진그룹 영어토익반〉 이후고요. OTT 플랫폼을 통해 다양한 국가의 작품들을 접하면서 배우를 보는 시각과 태도가 조금씩 달라진 것 같아요. 얼마 전에 〈뽀삐〉를 다시 보니 그때나 지금이나 제 연기는 크게 다르지 않더라고요. 저는 뭔가 바뀌었을 줄 알았는데 그 놈이 그 놈이었어요. (웃음) **바뀐 건 제가 아니라 영화와 드라마를 보는 사**

람들의 경험이에요.

> 90년대에는 뮤지션 백현진이 미술, 연기까지 하는 상황을 두
> 고 주변 반응이 어땠나요. 호의적이기만 하지는 않았을 것
> 같은데.
> ─

보통 음악가로만 저를 알다가 미술도 하고 연기도 하냐
며 놀라는 반응이 있었죠. 재미없는 얘기는 주로 이런 거였
어요. "이것저것 하지 말고 한우물만 파!"(웃음) 심리적으로
불안할 때는 그들의 말대로 입장 정리를 하고 하나에 집중해
야 하는 건가 고민하기도 했어요. 그러다 헬싱키에 가서 깨
달았어요. 그곳에선 저를 두고 재미있는 사람이라고 하더라
고요. **헬싱키에서는 사진 찍는 사람이 건축도 하고, 건축 하는 사람이
가구 디자인도 하면서 살아요. 북유럽에서 벌써 이러고들 사는데 제가
괜한 걱정을 한 거죠.**
그러다 만난 현대무용가 피나 바우쉬 씨가 결정적인 역
할을 해줬어요. 그때의 저는 〈씨네21〉 일러스트를 그리면서
한 달에 40만 원 받는 게 수익의 전부였던, 시장에서 성과를
내지 못하던 아티스트였어요. 그럼에도 불구하고 피나는 제
가 그린 그림, 제가 하는 음악을 주목하면서 계속 저를 불러
줬어요. 사실 시장에서 성과를 내기 위해서는 재능은 기본이
고 운이 따라줘야 해요. 제가 피나를 만난 것도, 1년에 4명 뽑
는 올해의 작가상 후원 작가로 선정된 것도 운이 좋아서였죠.

재미없는 얘기는
주로 이런 거였어요.

이것저것 하지 말고
한우물만 파!

그러다 헬싱키에 가서 깨달았어요.

그곳에선 저를 두고

재미있는 사람이라고 하더라고요.

90년대 백현진이 〈씨네21〉 일러스트를 그린 적이 있다는 얘기는 젊은 사람들은 잘 모를 것 같네요. (웃음) '썰' 좀 풀어주세요.

─

원래 김봉석 씨가 하다가 나중에 듀나 씨가 하게 된 코너의 그림을 그렸어요. 사실 스캔을 한 후 이메일로 보내면 되는데, 스캔을 어떻게 하는 줄 몰라 굳이 집배원처럼 매주 공덕동 한겨레신문사를 방문해서 직접 종이 작업물로 드렸어요. 그렇게 1년 정도 지나니까 매번 이렇게 오시지 않아도 된다고 하더라고요. (웃음) 제가 어떤 면에서는 느린 사람이라 일러스트레이터 일이 끝날 때까지 그렇게 매주 홍대에서 공덕동까지 터덜터덜 걸어갔던 기억이 납니다.

최대한 레퍼런스 없이

내 해석을 담아

이후에 음악과 미술, 연기가 차례로 시장의 주목을 받게 됐죠. 그런데 각 분야의 창작 활동이 분리되지 않고 하나로 연결되어 있는 듯한 행보를 보여주고 있어요.

에고 서칭을 하다가 제 옛날 인터뷰를 우연히 봤는데, 10년 전에는 이게 분리가 되어 있다고 얘기했더라고요. (웃음) 인터뷰를 할 땐 그때그때 솔직한 생각을 전하는데 지금은 그때와 비교해 생각이 달라졌어요. 음악과 미술은 기본적으로 혼자 하는 일이에요. 제가 평소 사교 활동을 열심히 하는 사람은 아니라 모임도 전혀 안 다니거든요. 그러다 현장에 연기하러 가면 많은 사람들 가운데 일시적인 소속감을 느낄 수 있어요. 혼자 계속 고립되어 있는 것보다는 그렇게 사람들을 만나는 게 정신 건강에도 좋더라고요. 보컬리스트나 음악가, 미술가로서 즉흥에 훈련이 됐기 때문에 현장에서도 테이크마다 다른 연기를 할 수 있고요. 사나운 빌런이나 성격이 순한 아저씨를 연기하면 그 캐릭터의 성격이 다음 날 그림을 그릴 때 묻어나요. **저라는 사람이 어떤 시스템이라면 제가 사용하는 OS가 안정화되고 저는 이를 운용하는 능력이 단련된 단계에 있는 거죠.** 이렇게 일을 해도 버그 때문에 크게 고생하지 않아요. OS가 업그레이드됐다는 개념은 아니지만요.

그럼 어떤 표현이 적합할까요?

기본적으로 문명은 변할 뿐이지 발전하는 게 아니라고 생각해요. 제가 쓰는 OS도 계속 변경되는 거지 발전한 건 아니에요. 어쨌든 지금의 OS는 제가 일하는 데 최적화되어 있어요. 별 문제 없이 몇 년 동안 OS가 돌아가서 올해 하반기에 여러 결과물이 나오게 되는 거죠. 저를 쭉 팔로우했던 분들은 '이 사람이 이렇게 작업하면서 살다 보니 결국 이런 작업물이 나오는 구나'라고 느끼실 만한 것들이 곧 나오게 되겠네요. 시기를 계획한 건 아니었지만요. (웃음)

20~30대의 백현진이 선보였던 작업과 지금의 그것은 어떻게 달라졌을까요.

—

저는 무척 화가 많고 냉소적이고 염세적인 청년이었어요. 분노가 상위 개념이고 그 안에 냉소와 염세가 속해 있었다고 표현하는 게 맞겠네요. 그런 성향이 작품에 녹아 있었죠. 나이를 먹으면서 작업하는 사람으로서, 예술가로서, 그냥 한 인간으로서 냉소와 염세가 거의 사라지게 됐어요. 당연히 작업에 묻어날 수밖에 없고요.

레퍼런스 없이 음악이나 미술 작업을 한다고 늘 언급하셨죠. 스무 살 때 만난 형, 누나들의 취향을 따라가던 시절과 비교했을 때 그 사이에 어떤 변화가 있었던 건가요.

—

20대 때는 톰 웨이츠나 한대수처럼 노래하고 뭉크 같은 분위기로 그림을 그려야겠다고 생각했어요. 레퍼런스가 있었던 거죠. 그런데 20대 중후반쯤에 깨달았어요. 누군가를 레퍼런스로 삼으면 제가 한 건 아무리 잘해봤자 주석 다는 것밖에 안 된다고요. 저는 예술가가 되고 싶은 열망을 가진, 성깔 있는 청년이었어요. 그래서 레퍼런스를 다 없애야겠다고 직관적으로 판단했어요. 혹시 제 작품이 어떤 작품과 겹치지 않을까 걸리는 게 있을 때는 구글링을 하거나 데이터가 많은 사람들에게 물어봐서 일부러 피해 가기도 해요. 괜한 오해를 사는 건 싫으니까요.

뭔가 홍상수 감독이 이야기하는 '천재' 과의 예술가들이 떠오르네요.
——

한국어를 사용하는 사람 중 이 사람이 진짜 예술가구나 하고 느꼈던 건 홍상수 감독이에요. 자신만의 유일한 작업 방식으로 독특한 영화를 만드는 사람이잖아요. 제가 홍상수 감독을 보면서 굉장히 많이 배웠어요. 어어부가 〈강원도의 힘〉 엔딩 음악에 참여하면서 인연이 닿았고, 〈당신 자신과 당신의 것〉을 찍을 때는 캐스팅 디렉터와 연남동 로케이션 매니저 역할도 해드렸죠. (웃음) 홍상수 감독이 저와 같은 언어를 사용하고, 그를 20년 넘게 알고 지내면서 일하는 모습을 엿볼 수 있었다는 것은, 작업하는 사람으로서 정말 큰 행운이에요. 제가 지금껏 살면서 접한 예술가들 가운데 가장 재미있는 경험은 피나 바우쉬를 제외하면 홍상수였어요. 어느 누구도 아닌.

연기할 때도 같은 태도를 취하나요? 의식적으로 다른 배우의 연기법을 배제한다거나.

레퍼런스 없이 최대한 제가 스스로 해석해서 연기해요. 원래 제가 말하는 것처럼 자연스럽게 연기하는 게 그나마 목표예요. 캐릭터가 착하거나 나쁜 건 톤만 조금 조절하는 거지, 연기를 하는 배우의 평소 말투가 디폴트이자 거의 전부라고 생각해요. 그런 점에서 송강호 선배는 한국어를 구사하는 남자 배우 중 최고인 것 같아요. 회사를 통해 작품 제안이 들어왔을 때 세 가지를 전해달라고 해요. 대사를 자유롭게 할 수 있는 가능성을 열어주셔야 하고, 나는 운전을 못하는 사람이고, 네이티브까지 속일 수 있는 사투리 연기는 할 수 없음을 감안해 달라는 것. 사실 제가 연기를 좀 마음대로 하는 편인데(웃음), 문소리나 박해일, 한효주 씨처럼 배우로서 경험이 많은 분들은 진짜 다 받아주더라고요.

가장 최근작 드라마 〈나쁜 엄마〉에서는 전작과 조금 다른 연기를 보여준 것 같아요.

목을 쓰는 보컬리스트다 보니까 〈나쁜 엄마〉에서는 제가 가진 소리 중 매우 독특한 소리를 시도해봤어요. 많은 사람에게 각인돼 있는 〈모범택시〉에서 연기한 빌런 캐릭터에서 벗어나기 위해 의식적으로 트위스트를 건 거죠. 캐릭터 자체가 아주 끔찍한 일을 저지르기보다는 귀여운 동네 빌런에 가깝기도 했고요. 그런데 네이버 댓글을 보니까 저 사람 쳇소리가 듣기 싫다는 반응도 있더라고요. (웃음) 그런데 인스타그램에서 이렇게 많은 응원을 받아본 것도 처음이었어요. 실제로 드라마를 다시 보니 제가 뭘 좀 하려고 했던 게 눈에 보이더라고요. 지금 출연 논의 중인 작품이 두 개 있는데, 하나는 사극이고 다른 하나는 현대물이에요. 이번에는 두 작품 모두 뭘 하려고 하지 않고, 원래 제가 말하는 것처럼 연기해보려고요. 지금 혼자서 수위 조절을 하면서 계속 훈련 중이에요.

에고 서칭을 가끔 한다는 얘기가 흥미로워요.
——

가끔이 아니에요. 제법 해요. (웃음) 구글, 네이버, 다음에서 제 이름을 검색해서 나오는 글을 읽는 게 재밌어요.

트위터와 인스타그램에 쓰신 글도 종종 봤습니다.
——

트위터는 거의 눈팅만 하고, 인스타그램은 원래 아카이브용으로 만들었어요. 처음 2~3년간은 바다 사진만 올렸어요. 그러다가 홍대 앞에서 〈77쇼〉 공연할 때 인스타그램을 홍보 수단으로 쓰게 된 거죠. 길거리에 포스터를 붙이고 찌라시를 뿌리면서 불특정 다수에게 공연을 알리는 건 무척 어

"올 겨울에 죽은 식물이랑 비닐봉지예요. 제가 식물을 많이 키우는데 이렇게 죽는 애들도 많이 있어요. 바로 버릴 때도 있고, 이렇게 계속 갖고 있으면서 보고 있을 때도 있습니다. 이렇게 작업실에 있다가 설치 미술 전시할 때 밖으로 나가는 애들도 나와요. 비닐봉지는 제가 10년 넘게 갖고 있던 거예요. 몇 년 전 개인전 할 때도 썼죠."

누군가를

레퍼런스로 삼으면

제가 하는 건

아무리 잘해봤자

주석 다는 것밖에 안 돼요.

려운데, 인스타그램은 너무 쉽더라고요. 페이스북도 프로모
션용으로 쓰다가 지금은 거의 안 들어가요.

> 올해 전주국제영화제에서 연출작 〈디 엔드〉 〈영원한 농담〉
> 을 상영했어요.
> ──

현대 미술에서는 비디오라고 부르고 영화 쪽에서는 단편
영화라고 칭하고 저는 배우나 스태프들에게 동영상이라고
말하는 작품들이에요. 제가 현대 미술 쪽에서 비디오 아티스
트라는 이름도 가져가야겠다는 마음으로 만든 건 전혀 아니
었어요. 영감이 떠오를 때, 음악으로 풀릴 때도 있고 연기로
소화할 때도 있고 그림으로 그릴 때도 있는데, 제가 다뤘던
매체들로는 풀리지 않는 것이 있었어요. 그러다 **제가 생각했을
때 훈련이 잘 된, 제가 선호하는 배우들과 동영상으로 작업하면 머릿속
에서 왔다 갔다 하는 것들을 추적해볼 수 있겠다는 생각에 동영상이라
는 매체를 선택했습니다.**
〈디 엔드〉의 채수진 프로듀서는 부산국제영화제에서도
오래 일했는데, 편집이 끝난 후 자신의 네트워크가 있는 베
니스국제영화제에 이 작품을 소개했다고 하더라고요. 그래
서 공식 초청을 받을 수 있었는데 당시 개인적인 이유로 심
한 우울증을 앓아서 작품을 그냥 묵히게 됐어요. 시간이 많
이 흐른 뒤 그때 적극적으로 작품을 선보이지 않은 점이 영
화에 참여한 스태프와 배우들, 촬영감독에게 너무 미안해졌

어요. 그러다 작년에 어떤 하루를 경험하면서 이것을 동영상으로 찍으면 〈디 엔드〉〈영원한 농담〉에 이은 '끝 삼부작'을 만들 수 있겠다는 생각이 들었어요.

미술가, 음악가, 배우로서의 작업물 외에 영화감독 백현진의 연출작도 만나볼 수 있는 거네요.

———

제목은 〈하루 끝의 끝〉이에요. 짐 자무쉬가 미국 〈SNL Saturday Night Live〉에서 연출했던 에피소드를 묶어 장편 영화로 만든 〈커피와 담배〉 같은 형식이 되지 않을까 싶어요. 〈디엔드〉는 류승범, 박해일, 엄지원, 문소리가 출연하는 네 개의 에피소드로 구성돼 있고 〈영원한 농담〉은 박해일, 오광록의 듀엣 쇼예요. 어떤 죽음과 이별을 다루는 이번 작품은 여성배우들이 중심이 될 것 같습니다. 〈디 엔드〉〈영원한 농담〉에 이어 〈하루 끝의 끝〉도 김우형 촬영감독이 찍어주기로 했어요. 트릴로지가 완성되면 OTT에서 공개하든 유튜브에 올리든 하려고 합니다. 아마 내년쯤 만나보실 수 있을 거예요. 어쩌면 아닐 수도 있고요. 안 만들면.

백현진의 일상에
영감을 불러일으킨 곡들

 〈바흐 무반주 첼로를 위한 모음곡 1번〉

(Bach, JS: Cello Suite No. 1 in G Major, BWV 1007: I. Prelude)

앨범명: Bach: Cello Suites, BWV 1007-1012

작곡: 요한 제바스티안 바흐Johann Sebastian Bach

연주: 파블로 카잘스Pablo Casals

발표연도: 1988

 〈Din〉

앨범명: Rand

작곡: 프랑크 브레트슈나이더Frank Bretschneider

발표연도: 1999

 〈잃어버린 태양〉 영화 주제가

앨범명: 최희준, 현미 TOP HITS

작곡: 이봉조

노래: 최희준

발표연도: 1964

 〈숲 - 비〉

앨범명: 침향무

작곡: 황병기

연주: 가야금 황병기, 장구 안혜란

발표연도: 1978

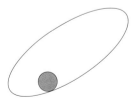

아카이브를 통해

무엇을 보아야 하는가

시사교양 PD. 2014년 KBS에 입사해 〈역사저널 그날〉 〈세계는 지금〉 〈추적 60분〉 등을 연출했다. 대표작은 〈다큐 인사이트〉에서 제작한 〈다큐멘터리 개그우먼〉 〈다큐멘터리 윤여정〉 〈다큐멘터리 국가대표〉 〈다큐멘터리 뉴스룸〉 〈다큐멘터리 걸;GIRL〉 등 '여성 아카이브×인터뷰 시리즈' 연작이다. 이중 〈다큐멘터리 국가대표〉는 백상예술대상 TV부문 교양 작품상을 받았다.

이은규 PD

한국 사회에서 유구한 성차별 문제를 가장 선명하게 느낄 수 있는 방법은 10~20년 전 TV 프로그램을 다시 보는 것이다. 어떻게 저 시절에는 저런 표현이 아무렇지 않게 통용되었고 전파를 탔을까 경악하다 보면, 그래도 사회가 조금씩 좋은 방향으로 바뀌어왔음을 실감하게 된다.

이은규 PD가 기획하고 연출한 '여성 아카이브×인터뷰 시리즈'는 다양한 분야의 여성들이 걸어온 궤적을 중심으로 한국 사회 성차별 문제가 어떻게 변모해왔는지 일괄한 후, 변화를 이끌어온 여성들의 현재진행형 목소리를 담는다. KBS 〈다큐 인사이트: 아카이브 프로젝트 모던코리아〉(이하 〈모던코리아〉)로 잘 알려진, KBS 내의 아카이브를 활용한 다큐멘터리 작업을 젠더 이슈와 연결한 것이다. 〈추적 60분〉에 몸담았을 때도 유흥탐정, 안희정 전 충남도지사 등 여성 관련 아이템을 많이 다뤘던 그는 〈다큐 인사이트〉에서는 아예 여성을 주제로 잡은 아카이브 프로젝트를 다섯 차례 선보였다.

〈다큐멘터리 개그우먼〉은 20세기 송은이와 21세기 박나래를 중심으로 남성 중심의 예능판에서 여성 희극인들이 어떻게 돌파구를 만들어왔는지 기록했고, 〈다큐멘터리 윤여정〉은 배우 윤여정이 50여년간 걸어왔던 행보를 김영옥, 최화정, 이순재, 김고은, 한예리, 노희경 등 지인들의 증언을 통해 재구성했다. 〈다큐멘터리 국가대표〉는 스포츠계에서 여성들이 배척당해 왔던 역사를 추적하며 마침내 여성 비율 48%를 기록한 도쿄올림픽의 의미가 무엇인지 짚었고, 〈다큐멘터리 뉴스룸〉은 남성 중심적이었던 뉴스룸이 여성의 목소리를 담기 위해 어떻게 변화하고 있는지 한국, 미국, 영국의 보도국을 오가며 보여줬다. 지난 6월 방송된 〈다큐멘터리 걸;GIRL〉은 사회가 걸그룹을 소비하는 방식이 어떻게 달라져왔는지 추적하며 현재 '4세대 걸그룹'으로 대표되는 이들의 가사에 다양한 메시지를 담게 된 맥락을 읽어냈다.

지상파 다큐멘터리 방송이 범대중적 화제로 떠오른 것은 13년 전 MBC 〈아마존의 눈물〉 같은 예외적인 사례를 제외하면 거의 없다. 이은규 PD는 대중에게 익숙한 유명인들의 인터뷰를 중심으로 2015년 이후 사회에서 가장 뜨거운 이슈로 떠오른 페미니즘을 다큐멘터리 소재로 포착해 반향을 이끌어낸 창작자다. 다큐멘터리가 공개될 때마다 특히 인터넷상에서 여성 시청자들의 열렬한 지지를 받았던 '여성 아카이브 ×인터뷰 시리즈'는 백상예술대상 TV부문 교양 작품상(〈다큐멘터리 국가대표〉), 한국PD대상 특별상 등을 받았다.

기존의 방송 다큐멘터리와는 다른 접근으로 유의미한 성과들을 만들어가고 있는 장본인이지만 정작 이은규 PD는 자신이 일하는 방식이 '회사원'에 가깝다고 강조한다. 일과 삶을 철저히 분리하고 늦지 않게 퇴근하는 '저녁 있는 삶'을 지향한다. 연구자의 마음으로 공부하며 전문성 있는 아이템을 찾기 보다는, 80년대생 여성의 정체성을 갖고 세상을 관찰하는 데서 파생되는 가벼운 아이디어에 관심이 많다.

지금 PD님 집에서 인터뷰를 진행하고 있습니다. 거실 창밖에 보이는 안산 풍경이 멋져요.

―――

〈추적 60분〉을 만들 때 남들에게 환영받지 못하는, 마음이 정말 힘들어지는 아이템을 다뤘거든요. 그러다 보면 일과 개인의 삶이 구분되지 않고 리듬이 뒤섞이게 되는데, 아기를 낳고 안정된 집에서 지내다 보니 확실히 그 리듬을 구분할 수 있게 됐어요. 〈다큐멘터리 국가대표〉를 만들 때 임신 중이었는데, 주 100시간 일하나 주 40시간 일하나 결과물이 비슷하다는 것을 깨달았어요. 입사 초기에 열정을 불태웠던 게 어디 가지 않았기 때문에 이제는 밸런스를 찾으며 방송을 만들어도 괜찮지 않을까 하는 생각으로 접근하고 있어요. 저는 오래 일하고 싶거든요.

새로운 〈모던코리아〉의 에피소드를 준비하고 있다고 들었어요.

―――

〈모던코리아〉는 원래 별도의 팀이었어요. 이태웅 선배

스타일로 만든 다큐멘터리가 KBS의 좋은 브랜드가 됐죠. 시즌이 이어지다 보니 그냥 〈모던코리아〉도 〈다큐 인사이트〉 팀으로 들어오게 됐어요. KBS에 있는 아카이브를 활용해 무언가를 만드는 대부분의 PD들이 시사교양2국의 〈다큐 인사이트〉 팀에 있다고 보시면 돼요. 10명 정도의 PD가 돌아가면서 〈다큐 인사이트〉를 만들다가 내년 초쯤, 저와 이태웅 선배, 염지선 선배 셋이서 〈모던코리아〉를 연출하는 것을 목표로 하고 있어요. 워낙 〈모던코리아〉 영향을 많이 받고 좋아했기 때문에 꼭 한 편 연출하고 싶었는데 이번에 기회가 닿은 거예요.

아무래도 최근 시사교양 PD 중에는 〈모던코리아〉의 영향을 받은 사람들이 많죠?
——

전 세계 아카이브 센터를 돌아다니면서 한국전쟁 자료를 발굴해 방송을 만드는 현대사 아카이브 발굴 팀이 최근 더 주목을 받았고, 저처럼 10년차 미만의 젊은 PD 중 이태웅 선배의 영향을 받아서 아카이브를 파는 사람들이 있어요. 저는 젠더 쪽을 파고, 게임이나 웹툰 쪽을 파는 친구도 있고, 각자 관심 있는 영역이 조금씩 달라요.

논픽션의 매력에

빠지다

어렸을 때부터 시사교양 PD가 꿈이었나요. 그 어렵다는 언론고시를 뚫고 입사하신 거잖아요. (웃음)

어렸을 때 제 방에 TV가 있었어요. 덕분에 TV를 정말 많이 봤어요. 특히 드라마를 좋아했고, H.O.T. 같은 K팝 1세대 아이돌도 쫓아다녔어요. 몰래 방송국에서 음악 프로그램 녹화 현장을 본 적도 있는데 그 공간에서 일을 하게 됐네요. (웃음) 처음엔 영화나 드라마에 관심이 많았는데 어느 순간부터 제가 할 수 있는 일은 논픽션이 아닐까 싶더라고요. 무언가를 새롭게 창작하는 일은 너무 어렵고 무섭게 다가왔어요. PD 지망생들에게는 예능, 드라마, 시사교양 중 무엇을 택할 것인가 선택하는 순간이 오는데, 저에겐 그 시기가 일찍 왔어요. 제가 대학교를 다닐 때 KBS에서 〈차마고도〉〈누들로드〉 같은 대기획 다큐멘터리들이 제작됐는데, 그 방송들을 보면서 "너무 멋있다. 나도 오지를 다니는 아시아 전문 PD가 되고 싶다. 나중에 책도 써야지!"라고 다짐했거든요. (웃음) 대학교 때부터 꿈을 구체적으로 갖게 됐죠. 사실 옛날부터 생각했던 삶을 그대로 살고 있긴 해요.

KBS 다큐멘터리 하면 떠오르는 이미지들이 있죠. PD님이
입사할 때는 〈다큐멘터리 3일〉이 상징적이었고요.
—

제가 입사할 때 들어온 시사교양 PD들은 그 감성을 생각
하며 들어왔었죠. (웃음) 대한민국의 콘텐츠 산업은 자본과
밀접하게 연관돼 있는데, 그럼에도 일상적이면서 따뜻한 시
선이 깃든 콘텐츠를 꾸준히 만들고 싶다고 생각하는 사람들
이 보통 KBS에 오게 되는 것 같아요. 막상 들어와서 일을 하
다 보니까 기존 시사교양 PD 선배들이 걸었던 루트가 있었
어요. 여러 프로그램을 돌다가 대기획 다큐멘터리의 조연출
을 하고, 내 이름을 걸고 몇 억짜리 프로젝트를 하게 되는데
이런 길이 저와는 잘 맞지 않더라고요. 다큐멘터리 산업 자
체가 위축되기도 했고, 시청자들이 더 이상 이런 다큐멘터리
를 필요로 하지 않는 것처럼 보였어요. **사람들이 볼 만한 다큐멘
터리는 어떤 것일까? 공영적이라는 것은 무엇일까?** 제가 어떤 길을
걸어야 할지 고민할 때 한국 사회가 '페미니즘 리부트' 시대
를 맞이했어요. 페미니즘은 새로운 세대가 다뤄야 할 이슈잖
아요. 제가 KBS에서 그나마 잘할 수 있는 것은 젠더 관련 아
이템이라는 생각이 들었습니다.

사 람 들 에 게

어 떤 감 정 을 줄 것 인 가

저희가 대학원에서 같은 수업을 들은 적이 있죠? (웃음) 중앙
대학교 첨단영상대학원 영화제작 석사 과정은 어쩌다가 밟
게 된 거예요?

—

2014년 KBS에 입사하고 2015년 제가 낸 〈갤러그의 후
예들〉이라는 방송 기획안이 채택되면서 대기획 프로젝트 팀
이 꾸려졌었는데, 그게 금방 엎어졌어요. 10장 이내의 기획
안으로는 실체가 분명하지 않아서 일이 진행되기 어렵더라
고요. 다큐멘터리는 매번 집을 새로 짓는 것만 같아 너무 어
려운 반면, 드라마는 기존에 존재하는 시나리오 작법으로 내
러티브를 짤 수 있고 예능은 출연진 섭외에 따라 그들의 캐
릭터를 중심으로 추진력을 얻을 수도 있어요. 주위를 둘러봤
을 때 제가 롤모델이라고 따라갈 만한 선배들의 작업도 저와
결이 맞지 않았어요. 내가 다큐멘터리를 평생 업으로 가져가
도 될까? 불안한 마음에 일단 공부를 시작했어요. 그렇게 영
화와 드라마에 눈을 돌리게 됐어요.

썬 원(S#1) 시나리오 아카데미도 그래서 다니셨던 거예요?

—

억대 고료를 받는 작가가 되겠다고, 제2의 김은숙이 되겠다고 생각했죠. (웃음) 제가 기획 단계의 일을 재미있어 하는 데다 시나리오 작법을 공부해 보니 제가 쓸 수 있겠다는 생각이 들어서 오히려 이쪽 일이 적성에 맞지 않을까 싶었어요. 씬 원의 목표는 6개월 안에 시장에서 팔리는 시나리오를 쓰는 것이었어요. 막상 시장의 한복판에 서니까 너무 힘들더라고요. 저는 시장과 밀접하게 연관돼 있는 콘텐츠를 만들때 따르는 고민을 평생 해 본 적이 없었어요. 너무 힘들어서 울면서 회사로 복직했죠. (웃음)

오히려 그 이후에 다큐멘터리 PD로서 제가 가야 할 길이 보이기 시작했어요. 제 이름을 걸고 처음 만든 방송이 〈다큐멘터리 개그우먼〉이었는데, **시나리오 작법을 공부했던 경험이 저만의 다큐멘터리를 만드는 데 도움이 많이 됐어요.** 송은이 님이나 김숙 님 같은 유명인들의 인터뷰를 바탕으로 한 다큐멘터리는 기존에 사람들이 알고 있는 서사를 다시 재구성하게 되잖아요. 그러다 보니 사전 작업을 할 때 거의 영화 시나리오와 동일한 수준의 시놉시스를 쓰게 되고, 그것을 바탕으로 섭외를 진행하게 됩니다. 어떤 그림의 방송이 될지 스태프들도 구체적으로 이해할 수 있고요. 그 전까지의 다큐멘터리 작업은 우선 카메라를 돌려서 다 찍어놓은 다음에 편집실에서 고민을 시작하는 편이었거든요. 사전 작업을 디테일하게 한 후 스태프들에게 공유한 뒤 본격적인 프로덕션에 들어가는 게 저에겐 더 효율적이었어요. 시나리오 수업 덕분에 도움받았던 부분이죠.

제작팀이 섭외해야 할 인터뷰이도 먼저 정해져 있었나요?

〈다큐멘터리 개그우먼〉 때 20세기와 21세기를 대표하는 가장 중요한 개그우먼, 송은이 님과 박나래 님을 먼저 놓고 그들의 조력자들을 둘씩 더해 총 6명의 이야기를 담는다는 콘셉트를 잡았어요. 〈다큐멘터리 국가대표〉는 김연경·박세리 선수가 출발점이 된 후 나중에 지소영 선수가 추가됐죠. 이렇게 인물을 정해놓고 KBS에 있는 관련 푸티지(미편집 원본 영상)를 전부 찾아본 뒤 시놉시스를 쓰면, 나중에 이분들이 섭외가 되지 않으면 안 되는 상황이 도래해요. 이미 프리 단계에서 너무 많은 작업을 해버렸으니까요. 만약에 섭외가 되지 않았다고 하더라도 섭외와 상관없이 다뤄야만 하는 인물이었기 때문에 인터뷰가 없는 상태로 그냥 방송이 나가긴 했을 거예요. 아카이브 프로젝트는 푸티지가 중심이니까요.

유명인들 섭외는 변수가 많아서 성사되지 않을 가능성도 있는데 어떻게 어려움을 돌파해 나가셨나요. 평소 인터뷰에 거의 나오지 않는 분들까지 등장한 것을 보고 제작팀이 섭외를 참 잘했다고 생각했어요.

송은이 님은 원래 인터뷰에 응하지 않으려고 했었대요.

그런데 저희가 송은이 님과 김숙 님이 처음 만나서 했던 방송 무대를 어렵게 찾아내 비보 스튜디오에 전달했던 게 마음을 움직였던 것 같더라고요. 90년대는 방송사가 모든 권리를 갖고 있었고, 정작 당사자들은 접근할 수 없는 아카이브를 열어 볼 수 있는 이들은 아이러니하게도 저희였어요. 본인들도 몰랐던 영상을 저희가 찾아냈으니까요.

　　젠더 이슈를 다룰 땐 아무래도 발화자가 공격을 받진 않을까 노심초사할 수밖에 없지 않나요. 최종 편집까지 고민이 많으셨을 것 같아요.
　　———

이 시대에 필요한 이야기니까 만들어야 한다는 생각과 우리의 의도와 상관없이 스피커에게 공격이 갈까 봐 걱정하는 마음 사이에서 조마조마해하며 다섯 편의 아카이브 시리즈를 만들었어요. 가장 최근 걸그룹 편을 만들 때는 당시 시대를 풍미했던 분들을 섭외해야 한다는 강박이 있었는데, 방송을 만들고 보니 오히려 그렇게 가지 않았어도 좋지 않았을까 하는 생각이 들더라고요. 지금은 볼 수 없는, 아카이브 속에만 존재하는 걸그룹의 모습이 방송 후에도 계속 남더라구요. 아직 10년 차가 안 된 창작자다 보니 작업 과정에서 헤맬 때가 더 많은 것 같아요.

　　하지만 개그우먼에서 걸그룹까지, 다섯 편의 아카이브 시리즈가 나올 때마다 특히 여성 시청자들에게 반응이 뜨거웠죠.

많은 여성들이 방송을 보고 임파워링이 됐다고 감상을 전했어요.

———

저는 이 다큐멘터리가 끝날 때 사람들에게 어떤 감정을 주기를 바라며 만들었어요. 우리 또래 여성들이 답답하고 힘든 시간을 보내고 있는데, 60분 동안 방송을 보고 기운을 얻기를 바라면서요. 〈다큐멘터리 국가대표〉를 보고 특히 그런 반응을 전해주신 분들이 많았고, 개인적으로는 〈다큐멘터리 윤여정〉을 좋아해서 이후에 태어난 아이 이름도 여정이라고 지었어요. 제가 만든 방송을 다시 보지 않는 편인데 〈다큐멘터리 윤여정〉은 계속 보게 되더라고요.

창작혼도 리듬을 지키며

불태워야

PD라는 직업 자체가 규칙대로 살기 어렵잖아요. 시사교양 PD는 어때요?

———

그래도 이 책에 나오는 다른 분들에 비해 저는 상대적으로 회사원처럼 살고 있어요. (웃음) 다큐멘터리는 매번 집을 새로 짓는 작업이다 보니 그나마 자율성이 많거든요. 〈역사 저널 그날〉〈세계는 지금〉〈추적 60분〉 같은 방송은 7~8주 간격으로 마감에 맞춰 결과물을 내야 해서 신체적인 리듬을 갖고 일을 할 수 있죠. 사실 입사 초기에는 집에도 안 들어가고 창작혼을 불태우면서 만들었어요. 산업과 밀접한 콘텐츠들은 자본과 시스템을 통해 굴러갈 수 있는데, 다큐멘터리는 PD 혼자 스스로를 불태우지 않으면 진행이 되지 않거든요. 사실 저는 그렇게까지 다큐멘터리를 만들 생각이 없어요. 오히려 복직 후 제 프로젝트를 만들면서 작업 스타일을 찾았어요. 한번은 이태웅 PD가 이런 말을 한 적이 있어요. 촬영 중심의 다큐멘터리를 만들면 출연자의 시간을 우리가 맞춰야 하는데, 푸티지 다큐멘터리는 시간을 유연하게 쓰면서 작업할 수 있어서 좋다고요. 푸티지는 어디 도망가지 않으니까 제 스케줄대로 일할 수 있어요.

막연하게 상상할 때는 푸티지 양이 워낙 방대하다 보니 밤낮 없이 일해야 할 것 같다고 생각했어요. 일을 하다 보면 영상을 효율적으로 보는 요령이 생기는 건가요?
—

KBS 내 아카이브를 많이 본 PD들은 어떤 그림이 어디에 있는지 경험적으로 알고 있더라고요. 저도 젠더 이슈 관련해서 푸티지를 많이 보다 보니 몇 년도에 어떤 이슈가 있어서 어떤 검색어를 넣으면 무엇을 볼 수 있는지는 파악하고 있어

저는 사람들에게
어떤 감정을 주기를
바라며 만들어요.

우리 또래 여성들이
답답하고 힘든 시간을
보내고 있는데,

60분 동안 방송을 보고
기운을 얻기를 바라면서요.

요. 이를테면 80년대 방송 녹화 현장을 찍는 푸티지를 보면 스무 살도 안 된 김혜수 님이 얼굴에 검은 칠을 하고 시장통을 뛰어다니는 모습을 볼 수 있어요. (웃음) 그런데 푸티지 보는 일이 너무 재밌다며 계속 앉아 있으면 집에 못 가게 돼요. 주제별로 일주일씩 나눠서 보면 퇴근을 제때 할 수 있죠. **이번 주까지는 무엇을 격파하고 다음 주까지는 무엇을 격파하겠다는 마음으로 목표를 세웁니다.** 푸티지를 보다가 몸이 뻐근하면 4~5시쯤 회사 앞 여의도 공원을 걷고요.

의외로 '워라밸'이 가능한 직업이네요.

앉아서 옛날 아카이브 보는 것을 좋아하는 사람에게 KBS는 너무 좋은 회사인 것 같아요. 제가 이 회사를 떠나지 못할 것 같은 이유도 더 보고 싶은 푸티지가 많아서예요. 사실 제가 독립 다큐멘터리 신에 있었다면 다른 이야기를 할 수도 있었겠죠. 한국 방송 구조 안에서 이전에 존재하지 못했던 목소리를 최대한 크게 내는 것, 제가 월급을 받으면서 다큐멘터리를 만들 수 있는 것은 그만한 이유가 있다고 생각해요.

우 리 는 우 리 의 일 을
하 는 것 뿐

결국 방송국 PD도 직장인이죠. KBS 내에서 선후배와의 관계는 어떻게 맺고 있는 편이세요.
—

전통적으로 남성 중심적이었던 대규모 조직에서 일을 처음 시작해서 좋았던 점 중 하나는 기존 방식과는 좀 다르게 제 자신을 선명하게 보여줄 답을 찾을 수 있었다는 거예요. 입사 초반에는 모든 술자리에 참석해야 하는 것 같아서 불안했어요. '방송을 잘 한다'에 관한 불분명한 기준을 갖고 업무 외 시간에 불투명한 의사 결정을 내리는 것도 답답했어요. 대신 사내 공모전처럼 공식적인 루트를 통해 결과물을 내고 작업을 이어 왔어요. 사내 네트워크도 공식적으로 일을 하면서 만드는 경우가 대부분이었어요.

나름의 팁이 하나 있어요. 미리 기획안을 세세하게 써둔 후에 점심시간에 선배와 밥을 먹으면서 "이런 아이템 재밌지 않아요?"라고 툭 말을 던져 보라고요. 그리고 자리에 돌아와서 사내 공식 메일로 "가볍게 한번 보세요"라는 말과 함께 기획안을 한 장으로 요약한 페이퍼를 전달하는 거죠. 구두로만 설명하는 게 아니라 구체적인 결과물을 갖고 얘기하면 저의 진지한 태도를 상급자에게 전달하는 데 도움이 되었던 것 같아요.

아무래도 시사교양국은 이른바 세계 막말하는 사람도 적을 것 같은데요. 실제로 그런가요?

시사교양국은 상대적으로 예의를 차리고 선비처럼 이야기하는 분위기라고 저도 생각해요. 그리고 저는 방송이 세상에서 제일 중요하다고 생각하며 만드는 것을 진짜 싫어하거든요. (웃음) 아무리 중요한 메시지를 담은 작업이라고 해도 우리는 우리의 일을 하는 것뿐이에요. 이보다 더 중요한 삶들이 있는데 남에게 해를 끼치면서 프로그램을 만들면 안 되잖아요. **우리가 방송을 만들기 위해 모인 시간 자체가 즐겁고 서로가 존중받았으면 좋겠어요.**

오늘 저희가 만날 장소를 정하는 과정에서 후보를 몇 군데 제안해주신 후 각 장소의 사진과 설명을 곁들인 PDF 파일을 보내주셔서 깜짝 놀랐어요. 지금까지 인터뷰를 하면서 이렇게 체계적인 문서를 보내주신 인터뷰이는 처음이었거든요. 원래 이렇게 텍스트와 사진으로 된 자료를 만들어서 소통하는 편이세요?

제가 회사원이라서 그런가봐요. (웃음) 제가 성격이 샤이해서 평소 스태프와 얘기할 때도 페이퍼로 정리해서 공유하는 것을 좋아해요. 그게 제 생각을 빠르고 정확하게 전달할 수 있는 방식이에요. **그냥 말로만 했을 때 결과물이 이상하게 나올 수 있다는 것을 학습했어요. 내가 알고 있는 게 별로 없다는 것을 들킬까 봐 스태프에게 두루뭉술하게 말을 해 버리면 제가 무엇을 원하고 있는지 제대로 전달되지 않거든요.**

〈다큐멘터리 개그우먼〉을 만들 때 이은비 촬영감독과 커뮤니케이션을 하면서 제가 신뢰할 수 있는 분이라고 깨달았어요. 내가 가진 지식이 대단하지 않아서 비록 없어 보일 수 있어도 내가 원하는 것을 열심히 설명하면 이 사람은 답을 가져다 줄 거라는 믿음이 있었죠. 그래서 원하는 무드의 캡처 사진을 보내면서 이런 그림을 얻고 싶다고 설명하면 어떻게 조명을 쳐야 하는지, 카메라를 어떻게 위치시켜야 하는지 해결책을 줬어요. 제가 기술적인 부분을 잘 모른다는 것을 들키고 싶지 않아서 제대로 설명하지 않았다면 원하는 그림을 연출하지 못했을 거예요.

심지어 오늘 이곳을 오는 방법과 주차장 위치도 에버노트에 작성해서 보내주셨잖아요. (웃음) 평소 스태프들과 커뮤니케이션하는 방식도 똑같나요?

─

항상은 아니어도 기획안은 노션으로 전달하는 편이고요. 촬영 계획이나 인터뷰 장소 안내도 웬만하면 그렇게 정리해서 드리고 있어요. 다큐멘터리는 상대적으로 긴 호흡으로 만드는 방송인데 별로 급하지도 않은 건으로 카카오톡 단체방에서 대화하는 게 너무 불편더라고요. 각자의 호흡대로 각자의 시간을 쓰면서 일하는 게 중요하잖아요. 입사 초반 〈역사저널 그날〉에서 일을 배워서 그런지, 시간의 개념에 대해 좀 민감한 것 같아요. 각자 리듬에 맞게 방송을 만드는 태도가 제 정체성에 중요한 영향을 미쳤어요. 그래서 아카이브 시리즈를 만들 때 나중에 시간 날 때 보라는 맥락에서 네이버 비공개 카페를 만들고 그곳에 차곡차곡 자료를 올렸어요. 그때 습성이 아직 남아 있는 것 같아요.

KBS에서 아카이브를 볼 때 메모도 꼼꼼하게 하실 것 같아요.

이태웅 PD는 엑셀 표로 촬영 연도와 프로그램명, 자신이 본 내용을 적어서 정리하는데 저에겐 잘 맞지 않는 방식이더라고요. **빠르게 결과물을 내야 할 때는 그냥 그림을 붙여놓고 눈으로 밟아가며 기억해뒀다가 작업하는 쪽을 택했어요.** 물론 방대한 정보를 제 나름대로 정리해 하는 사건·사고 아이템은 확실히 텍스트 작업이 필요한 것 같아요.

새로운 접근을 위한

헤맴의 시간

다큐멘터리를 만들 때 아이디어는 어디서 출발하는 편인가요?

예전에는 교보문고에 가서 이쪽에서 저쪽까지 책을 훑으면서 아이템을 찾기도 했다고 들었어요. 그런데 그런 방식은 자칫 피상적인 접근이 될 수 있어요. 〈추적 60분〉 '유흥탐정, 성매매 판도라의 상자를 열다' 편을 연출한 적이 있어요. 〈추적 60분〉은 1983년부터 지금까지 성매매를 주기적으로 다뤘거든요. 옛날에는 '성매매 여성이 불쌍하다'는 관점이 지배적이었다면, 지금은 지금 시대에 나타난 유흥탐정을 중심으로 접근하면 다른 관점이 될 수 있겠더라고요. **예전 선배들이 아이템을 어떻게 다뤘는지 살펴보면서 저는 어떻게 다른 접근을 할 수 있을지 고민하다 보면 재미있는 결과물이 나와요.** 이렇게 시계열로 보는 작업을 좋아해요.

주제를 먼저 정한 뒤 푸티지를 뒤지는 편이세요? 방송 주제는 어떻게 정해지나요?

지난 50년의 공영방송 영상 대부분이 디지털화되어서 출연자·제작진·프로그램 명으로 검색해서 찾아볼 수 있어요. 원래 80년대 VHS까지만 디지털화가 되어 있었는데, 최근 70년대 16mm 필름 롤까지 디지털화 작업을 했죠. 〈모던코리아〉 팀은 사람들이 보지 못했던 비방용 촬영 푸티지를 발굴하는 게 중요했기 때문에 좀 더 포괄적인 검색어를 넣어 넓게 보려고 했다면, 저는 좀 더 빠르고 적확하게 푸티지를 찾기 위해 특정 인물과 관련된 검색어를 넣었어요. 방송이 나갈 때쯤 사람들이 가장 관심 있어 할 법한 인물로요. 이를테면 윤여정 님이 아카데미 여우조연상에 노미네이트가 돼서 윤여정을 주제로 정했고, 박나래 님이 연예대상을 받은 후 개그우먼 다큐멘터리를 만들었고, 요즘 4세대 걸그룹이 주목받고 있으니 걸그룹을 주제로 잡게 된 거죠.

〈모던코리아〉가 시의성에 얽매이지 않고 자유롭게 아이템을 잡는다면, 제가 만든 아카이브 시리즈는 시대와의 호흡을 좀 더 중요시했어요. 보통 시사교양 PD는 오디오 중심으로 촬영 및 편집 구성안을 글로 써서 일할 때가 많은 반면, 저는 그림을 중심으로 작업했어요. **원래 시사교양 프로그램은 방송을 보고 무엇을 배울 수 있는지 메시지가 중요했기 때문에 논리적인 편집을 추구하는 경향이 있었다면, 저는 어떤 그림이 어떤 감정을 불러일으키는지 고민하며 만들었어요.**

본격적인 편집에 들어가기 전에 푸티지를 보는 시간은 어느 정도 되나요?
——

6개월 동안 한 방송을 만든다면 6개월 내내 볼 수 있겠죠. 프리 기획 기간이 3개월 정도 주어진다면 제가 온전히 헤맬 수 있는 기간이 3개월 정도 주어지는 거예요. 일주일 단위로 주제를 나눠서 본격적으로 헤매자고 마음먹고 시작하는 거죠. 주기적으로 방송을 만드는 입장에서는 푸티지를 충분히 보지 못해서 아쉬울 때도 있어요. **시간이 좀 더 주어진다면 더 많이 보고 더 '헤맬' 수 있을 텐데 말이에요.**

헤맨다는 표현이 좋네요. 갈피를 잡지 못하고 이것저것 탐색하는 시간을 긍정적으로 여기는 거니까요.
———

그래야 의외의 그림을 발견하고 거기서부터 다시 이야기를 시작할 수 있으니까요. 처음 생각했던 플랜 A 그대로 편집창에 올라오는 방송은 누구나 만들 수 있어요. 굳이 시간과 돈을 들여서 만들 필요가 없는 거죠. 이왕 기회가 주어졌다면 사람들이 보지 못했고 생각지 못한 무언가가 나와야 하는데 그러기 위해서는 헤매는 시간이 필요해요.

〈다큐멘터리 개그우먼〉을 만들 때 박나래 님이 신인 시절 〈폭소클럽〉에서 뱃살을 보이고 춤을 추니까 사람들이 경악하는 영상을 봤어요. 그런데 〈개그 콘서트〉에서 남성 개그맨들이 같은 개그를 했을 때는 웃음이 터졌거든요? 두 영상을 붙여놓고 보니 기분이 이상하더라고요. 이건 온전히 푸티지를 다 보지 않았다면 찾지 못했을 감정이에요. 송은이 님

이름을 검색하면 주 2회씩 거의 공무원처럼 녹화했던 공개 코미디 방송이 다 나와요. 체구가 작고 아동복을 입을 수 있었기 때문에 영구, 맹구 등 그 시대를 관통했던 개그맨들의 딸 역할을 모두 하셨어요. 그들을 '아빠'라고 부르는 모습을 모두 모으면 독특한 푸티지가 만들어지죠. 송은이 님에게 이 영상을 보여드렸어요. 이십 몇 년 전이라 본인도 기억하지 못하는 모습이었죠. 그리고 인터뷰를 시작하면 푸티지에 기반한 말을 해주세요. 최종적으로 결과물에는 인터뷰와 관련 푸티지가 연달아서 나갈 수 있게 되는 거죠. 이렇게 편집 포인트를 만들면서 접근했어요.

처음에는 생각지 못했던 방향으로 결과물이 만들어지기도 하겠어요.

〈다큐멘터리 윤여정〉을 만들 당시 주류 담론이 이런 식이었어요. 윤여정의 성과를 설명하기 위해, 동시대 다른 여배우들이 전형적인 캐릭터를 연기한 반면, 윤여정은 진취적인 여성을 연기했다고 묘사하는 거죠. 사실 저희도 처음에 그렇게 접근했고요. 그런데 방대한 아카이브를 뒤지면서 그녀가 일일 드라마에서 한 여성에게 돈 봉투를 쥐여주면서 내 아들에게서 떨어지라며 뺨을 때리는 연기도 했다는 것을 알게 됐죠. (웃음) 이분도 생계를 위해 이런 캐릭터를 연기했던 분이고, 그 뒤에 새로운 캐릭터를 개척했던 이력이 나오니까

사람들이

보지 못했고

생각지 못한

무언가가

나오기 위해서는

헤매는 시간이

필요해요.

오히려 설득력이 생기더라고요.

> 방송 프로그램은 내부 시사회를 열어서 내부자들의 의견을
> 듣는 과정을 거치잖아요. KBS 다큐멘터리는 어떤가요?
> ⎯

저는 80년대생 여성의 시각으로 방송을 만들지만, 방송은
KBS1로 나가고 그 채널의 주 시청자층은 60대 남성들이에요.
시사회에는 50대 남성들이 참석하고요. 그들의 시각에서 봤을
때는 좀 더 설명이 필요한 부분이 있어요. 시사회에서 받은 피
드백을 반영해서 좀 더 친절하게 후반 편집을 바꾸기도 해요.

때 로 는 가 볍 게

때 로 는 무 겁 게

아카이브 시리즈 연작은 평소 페미니즘에 관심이 있어야 만
들 수 있는 프로그램이죠. 더불어 송은이, 김숙이 요즘 젊은
여성들에게 임파워링되는 존재라거나 4세대 걸그룹이 잘 나
간다는 것도 알고 있어야 가능한 아이템이었어요. 창작자로
서 평소에 세상을 보는 시야를 넓혀놓고 다양한 분야의 지식
을 쌓아야 할 필요를 느끼십니까?

오히려 예전에는 시사교양 PD가 전문가와 대화가 될 만큼 지식을 쌓아야 한다는 인식이 있었어요. 그래서 시사교양국 PD들을 보면 조용히 책만 읽고 있어서 대학원 연구실 같기도 했어요. 그렇게 연구자 입장에서 방송에 접근하다 보면 너무 미시적인 아이템을 선정하고 우리끼리만 보는 다큐멘터리를 만들며 고립되는 것이 아닐까 고민하기 시작했죠. 개인적으로 다큐멘터리는 시대와 호흡하는 게 더 중요하다고 생각했던 터라 입사 초에는 그런 분위기가 조금 답답했어요. TV는 대중과 가장 가깝고 시의성 있는 주제를 실시간으로 다룰 수 있는 매체인데, 공영방송이라는 이유로 굳이 그런 무게감을 가져가야만 하나 의구심이 들었어요.

그래서 **평소에는 아주 가볍게, 트위터 타임라인의 무게감 정도로 세상을 들여다봐요.** (웃음) 그리고 제가 사회의 모든 영역을 다 파악할 수는 없어요. PD마다 각자의 영역이 따로 있는데 저는 80년대생 여성이 관심 있어 하는 이슈는 놓지 않고 보려고 해요. 다만 트위터가 세상의 전부가 아닌 것처럼, 80년대생 여성이 보고 있는 세계에 대한 리액션도 함께 보고 있습니다. 요즘처럼 백래시(진보적 사회에 대한 반발 현상)가 심한 시대에는 좀 더 넓게 봐야 하더라고요.

80년대생 여성들의 트렌드를 놓치지 않기 위해 특별히 모니터링하는 곳이 있을까요?

2030 여성들 사이에서 회자되는 콘텐츠는 웬만하면 놓치지 않고 보려고 노력해요. 또 제가 KBS PD이기 때문에 가질 수 있는 강점이 있다면 과거 콘텐츠를 볼 수 있다는 것일 텐데요. **우리 세대가 성장하면서 보아 왔던 콘텐츠들을 다시 체크하다 보면 새롭게 읽히는 것들이 있어요.** 가령 90년대 제1물결 페미니즘 당시 예능 프로그램에서 페미니스트를 묘사하는 방식이라든지, 2006년 〈미녀들의 수다〉에서 여성을 다루는 태도를 다시 보다 보면 지금의 백래시가 시대의 흐름에서 어떤 위치에 놓여 있는지 알 수 있거든요. 또 제가 임출산과 육아를 경험한 것도 창작에 도움이 돼요. 기혼 유자녀 여성에 대한 혐오가 수면 위로 드러났을 때 제가 당사자이기에 볼 수 있는 지점들이 있었거든요. 제가 아이를 키우지 않았다면 무척 피상적으로 이 문제를 접근하지 않았을까 싶어요.

지금까지 제가 잘해 왔던 영역은 확실히 일직선으로 내달리는 이야기였지만, 〈모던코리아〉처럼 여러 가지 레이어를 가진 콘텐츠를 만들고 싶은 마음도 있어요. 다큐멘터리도 뜨겁고 편파적으로 보여도 된다며 만든 게 첫 번째 프로젝트였다면, 다음 작품은 좀 더 균형감을 갖고 다각도의 시각으로 접근해서 만들고 싶어요.

이은규 PD가 흥미롭게 본
아카이브들

¶ **방송의 현장 – 여심이 만들어지기까지**

1986. 04. 27. (일) | 연출 최훈근

… 매회 당대 최고의 주목을 받은 KBS 방송 프로그램의 촬영 현장을 카메라로 담았다. 특히 열아홉 살 김희애 배우가 벼락 같은 디렉션에 큰 눈을 껌뻑이며 리허설을 하는 모습이 오래 기억에 남았다. 드라마 세트장의 긴장감에 나까지 심장이 쪼그라드는데, 낯선 서울 사투리를 쓰며 "제가 열심히 해야죠"라는 김희애 배우 모습을 여러 번 돌려봤다. 지금은 전설이 된 이들의 처음을 마주하면 묘하게 기운이 난다.

¶ **추적 60분 – 어느 여인의 죽음**

1983. 04. 03. (일) | 연출 백재하, 작가 송지나

… 방송 카메라가 스튜디오 바깥으로 나가며 담긴 센세이셔널한 80년대 푸티지는 귀하다. 그중 일본 오사카에서 살해된 한국 호스티스 사건을 추적한 방송이다. 당시에는 뉴스도, 그 뉴스를 다루는 카메라의 시선도, 너무 날 것이라 재생 버튼을 몇 번씩 멈추며 봤다. 21세기에 성매매 산업의 이슈를 준비하며 봤었는데 덕분에 '혐오의 서사'는 얼마나 오래 거슬러 올라야 하는지 알 수 있었다.

¶ **서울로 가는 길 - 여자 핸드볼**

1988.08.09.(일) | 연출 이재명, 작가 윤군필

… 88올림픽을 준비하는 종목별 선수들의 훈련부터 성장과정·가족과 같은 개인사까지 풍부하게 다룬 30분짜리 다큐멘터리다. 지금은 도저히 시도하기 어려운 대범한 매치컷에 박수 치며 봤다. 땀 흘리는 유도선수 얼굴과 포효하는 호랑이 얼굴이 교차하거나, 타이어를 끄는 선수가 쟁기를 끄는 소로 변하는 등 직관적인 영상 문법과 현란한 전자음이 신선했다. 그 와중에도 여자 선수는 숙소에서 오이 팩을 하거나 호돌이 모양의 수를 놓는 장면이 빠지지 않았다.

¶ **유쾌한 청문회 - 여성 코미디언 편**

1993.11.20.(토) | 연출 박정미, 작가 강시현 외

… 특정 직업 또는 정체성을 지닌 인물 50명이 스튜디오에 모여 떼토크를 하는 포맷으로 민머리, 씨름선수, 쌍둥이 50명이 한 자리에 앉아 있는 그림이 재미있다. 여성 코미디언 편은 흐릿한 기억 속에 있던 얼굴들을 봐서 반갑고, 각각의 이름, 나이, 경력을 마주하니 다른 접근이 가능해서 좋았다.

¶ **깨어나라 선희야**

1997.05.24.(토) | 연출 김석윤

… 국내 최초 페미니즘 코미디라는 타이틀을 달고 9회 만에 종영한 〈쇼코미디 웃는날 좋은날〉 속 코너다. 할머니 심부름

을 나서는 빨간 모자 아이를 연기하던 정신희 님이 "깨어나라 선희야"를 외치며 참여성은 심부름을 할 수 없다고 주저 앉는다. 그 옆에 유약하고 어설픈 늑대 유재석 님이 나와 점점 내용이 산으로 간다. 1990년대 방송 푸티지를 보면 영페미의 사회 분위기는 항상 상상을 벗어나서 2020년대를 살고 있는 나도 기운이 난다.

¶ 드라마 가족 - 천안할머니

1991.03.30.(토) | 연출 이영희, 작가 박정란·박정주

… 대가족을 다룬 익숙한 주말 연속극이다. 할머니(여운계 분)의 친구(김영옥 분)가 말기 암이라는 사실을 숨기고 천안에서 서울로 찾아와 짧은 시간을 보낸다는 이야기다. 지금은 보기 힘든 깨끗하고 하얀 홑청 요에 자수가 그려진 베개를 베고 나란히 누워 죽음과 삶을 이야기하는 두 여배우의 장면이 귀하다 싶어 천천히 곱씹으며 봤다.

¶ 절반의 실패 - 이혼녀

1989.10.25.(수) | 연출 김현준, 작가 이경자·서영명

… 동시대를 사는 여성의 문제를 옴니버스 형식으로 그린 드라마다. 고부 갈등, 맞벌이 부부, 외도, 혼인 빙자 간음, 혼수, 의처증 등 다양한 주제를 다루고 있어 80년대 〈사랑과 전쟁〉쯤으로 상상할 수도 있다. 하지만 김창숙-장용, 이경진-정한용, 양미경-유동근, 김자옥-한진희와 같은 익숙한 배우들의

뻔하지 않은 연기가 묘한 설득력을 보여준다. 특히 〈이혼〉 편에서 외도를 한 엘리트 남편 박근형 배우와 이혼 법정에서 상대측 변호사로서 기선을 제압해버리는 윤여정 배우의 장면이 통쾌하다.

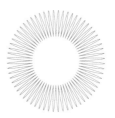

작품의
길을

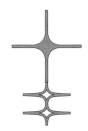

이끄는 법

변승민 제작자

OTT 시리즈에서 극장 영화까지, 한국 콘텐츠 업계에서
플랫폼의 경계 없이 가장 왕성한 활동을 보여주고 있는
제작자. 투자배급사 NEW 배급팀과 한국영화팀을 거쳐
워너브러더스코리아 한국영화팀 팀장을 역임한 뒤 클라
이맥스스튜디오를 설립했다.

클라이맥스스튜디오는 매년 〈씨네21〉이 한국 영상 콘텐츠 산업 종사자, 전문가들을 대상으로 실시하는 설문 조사에서 2년 연속 주목하는 제작사 1위로 꼽혔다. 극장, TV, OTT 등 다양한 플랫폼에 어울리는 풍성한 라인업을 구축하고, 원천 IP를 공유하며 시퀄과 프리퀄로 이어질 수 있는 세계관을 기획한 점이 업계인들의 이목을 끌었다. 변승민 대표가 이끄는 클라이맥스스튜디오의 필모그래피는 tvN 드라마 〈방법〉, 넷플릭스 시리즈 〈D.P.〉 〈지옥〉, 티빙 오리지널 〈몸값〉, 극장 영화 〈소울메이트〉 등 거의 모든 종류의 콘텐츠를 아우른다. 올해 8월 극장 개봉한 영화 〈콘크리트 유토피아〉는 이후 공개될 영화 〈황야〉 및 시리즈 〈유쾌한 왕따〉 〈콘크리트 마켓〉(가제)은 대지진이라는 설정을 공유한다. 인터뷰로 만났던 날 그는 네 편의 넷플릭스 시리즈(〈D.P.〉 시즌 2, 〈기생수: 더 그레이〉, 〈유쾌한 왕따〉, 〈콘크리트 마켓〉)와 두 편의 영화(허명행 무술감독의 영화 감독 데뷔작 〈황야〉, 이충현 감독의 넷플릭스 영화 〈발레리나〉)의 후반 작업을 진행 중이라고 전했다. 한지원 감독의 애니메이션 영화와 넷플릭스 시리즈 〈지옥〉 시즌 2도 프리 프로덕션에 들어갔다. 그밖에 캐스팅을 진행 중인 작품도 세 편이란다.

변승민 대표는 CJ ENM, 쇼박스, 롯데엔터테인먼트 등 기존 투자배급사 3강 구도에 균열을 내며 4대 배급사 시대를 열었던 신생 기업 NEW의 초창기 멤버였다. 한국영화팀에서 근무했던 2013년 당시 NEW의 라인업은 〈7번방의 선물〉 〈신세계〉 〈바람과 함께 사라지다〉 〈숨바꼭질〉 〈변호인〉 등으로, 과거 흥행에 성공한 배우, 감독 중심이 아닌 기획 중심의 패키징을 선보이며 시장의 주목을 받았다. 이후 워너브러더스코리아에 있을 당시에는 신인 여배우 원톱 영화 〈마녀〉의 성공을 이끌었다. 그가 투자배급사에서 독립 후 클라이맥스스튜디오를 설립한 이래 제작자로서 선보이는 왕성한 기획은 그동안 그가 업계에서 쌓아온 구력 덕분은 물론 변승민 대표 개인이 시간과 에너지를 잘 분배해야 가능한 일이기도 하다. 기본적으로 제작자는 아이템에 대한 감각은 물론 커뮤니케이션부터 네트워크 관리에 이르기까지 다방면의 업무를 동시에 책임지는 자리이기 때문이다.

그의 설명을 빌리자면 제작자는 "작품의 처음 문을 열고 마지막 문을 닫는" 사람이다. 먼저 작품의 단초가 되는 소재를 찾고, 최소한의 1차 창작자들이 공유할 수 있는 수준까지 만들어가며, 완성된 작품을 잘 유통하고 배급하고 마케팅해서 많은 사람들이 볼 수 있도록 책임지고, 최종 성과가 나오면 이를 최종적으로 분배하고 마무리하는 방대한 일이 모두 제작자의 일에 해당된다. 협력을 위한 구심점을 만들고 가끔씩 문제가 발생하면 이를 해결해서 작품이 원래 가고자 했던 길로 잘 나아갈 수 있도록 이끄는 것 또한 제작자가 책임져야 할 영역이다. 변승민 대표는 한 번에 수십 개의 프로젝트를 함께 고민하고, 지체 없이 판단하고, 준수한 결과물을 얻어낼 수 있는 시스템을 만들어냈다. 심지어 기자의 인터뷰 요청을 승낙하는 것도, 만나는 일정을 조율하는 것도 누구보다 빠르게 결정하고 깔끔하게 진행했다. 동시에 그는 낭만과 인연을 소중히 할 줄 아는 제작자다. 〈지옥〉에 등장했던 정진수 의장의 동상, 〈정이〉의 조종실 세트, 〈몸값〉의 오프닝을 만든 작가의 조형 작품 등 필모그래피의 소중한 조각들을 모아둔 클라이맥스스튜디오 대표실에서 변승민 대표와 나눈 대화를 전한다.

기획 개발 중인 작품까지 합치면 수십 편의 프로젝트를 병행하고 있습니다. 앞으로 클라이맥스스튜디오가 선보일 작품이라며 20편 가까이 되는 프로젝트를 정리한 보도자료를 받았던 기억이 나네요. (웃음)

—

지금 후반 작업 중인 작품이 여섯 편, 프리 프로덕션을 하고 있는 작품이 두 편, 촬영 단계에 해당하는 작품이 한 편, 캐스팅 중인 작품이 세 편이네요. 캐스팅이 어느 정도 정해지고 투자 매칭이 되면 바로 프리 프로덕션에 들어가겠죠. 아직 글을 만들고 있는 작품들도 꽤 많고요.

제작자라고 하면 구체적으로 어떤 일을 하는지 잘 모르는 분들도 많아요. 보통 전면에 나서는 건 감독이니까요.

—

먼저 작품의 실마리가 되는 소재를 찾고, 최소한의 1차 창작자들이 공유할 수 있는 수준까지 만들어가요. 감독과 프로듀서는 이 단계에서 혹은 이후 단계에서 합류하기도 해요. 현대 영화와 시리즈는 다른 예술 영역보다 많은 인력과 자본을 필요로 합니다. 완성된 작품을 잘 유통하고 배급하고 마케팅해서 많은 사람들이 볼 수 있도록 책임지고, 최종 성과가 나오면 이를 최종적으로 분배하고 마무리하는 게 필요하죠. 제작자는 굉장히 많은 조율을 해야 하는 사람이에요. 협력을 위한 구심점을 만들고, 가끔씩 문제가 발생하면 이를 해결해서 이 작품이 원래 가고자 했던 길로 잘 나아갈 수 있도록 이끄는 역할을 합니다. 그래서 시상식에서 작품상을 받는 사람이 감독이 아닌 제작자라는 생각이 들어요. 스포츠로 따지면 선수는 배우, 감독은 연출자, 구단주는 제작자 같다고나 할까요. 구단주는 감독의 선임부터 시작해서 선수의 기용을 밑단에서부터 조율하는 역할을 하니까요. 작품의 전면에 나서지는 않지만 전면에 나오는 이들과의 소통을 책임지는 사람입니다.

자기 확신을 위한

계획

다양한 작품을 집중력 있게 핸들링 할 수 있는 비결이 궁금해요. 체계적인 루틴을 짜놓고 따르는 타입이시죠?

우선 아침 운동을 끝내고 사무실로 출근하면 공용 업무 툴 '플로우'에 만든 폴더들의 타이틀을 집중해서 살펴봐요. 오늘 해야 할 일, 오늘 결정해야 할 일, 앞으로 결정해야 할 일…. 그렇게 단기적인 고민이든 장기적인 고민이든 다 담겨 있어요. 예를 들어 영화 〈콘크리트 유토피아〉의 가장 큰 고민 중 하나는 개봉 시기인데, 폴더를 하나씩 살필 때 생각하는 거죠. 프로젝트가 30개라면 5분씩만 생각해도 총 150분, 10분이면 300분이에요. 예전엔 정말 많은 시간이 걸렸는데 매일 이 루틴을 반복하다 보니 이제는 한 편당 1분 정도 걸려요. 매일 같은 코스로 달리기를 하면 심장이 튼튼해지고 근력도 키울 수 있는 것처럼요.

기본적으로 계획한 대로 움직이는 성향인가요?

과거에는 장시간 동안 했던 고민을 반복해서 하다 보니 깊숙이 집중하는 데 걸리는 로딩 시간이 짧아지는 거죠. 개인적인 루틴은 장기적으로 가지만, 창작 활동의 경우 거의 매일 계획을 짜고 다음 날 그것을 무너뜨리고 다시 플랜을 생각해요. 저희가 있는 업계의 동향이 하루가 다르게 달라지잖아요. 하나의 계획을 고집하면 오차가 점점 커질 수밖에 없어요. 매일 계획을 조정하면 굳이 한번에 몰아서 플랜을 짤 필요가 없고, 그게 저희 업에 더 맞다는 생각이 들어요. 일주일이고 한 달이고 큰 계획에 변동이 없다면 작품에 더 큰 확신이 들고, 계획이 자주 수정되면 본질적인 부분에 문제가 있는지 다시 살핍니다.

그렇다면 큰 틀만 정해놓고 일을 할 수도 있는데, 그럼에도 계획을 만드는 쪽을 선호하는 이유는 뭘까요.

계획이 맞아 떨어졌을 때의 성취감 때문이라기보다는 계획을 통해 생기는 안정감을 원하는 것 같아요. **창작에 관한 일을 하기 위해서는 어느 정도 자기 확신이 있어야 다른 사람도 설득시킬 수 있고 시야가 확장될 수 있어요. 계획대로 되지 않더라도 자기 시간을 컨트롤하고 있다는 만족감이 생기고, 그를 통해 작은 성취감들이 쌓이면 궁극적으로 자존감을 높일 수 있어요.** 특히 영화 산업 자체가 아무리 경험이 많고 데이터가 있어도 매 작품 새로운 조건에 직면해야 하잖아요. 스스로 확신이 있으면 오히려 우발적인 상황이나 유연함이 필요할 때 자신 있게 선택할 수 있죠. 계획을 변주하거나 방향을 바꾸거나 심지어 모두 포기하는 경우에도 굉장히 유리하게 대처할 수 있습니다. 오히려 계획하는 방식이 빠른 결정에 필요한 동물적 감각을 길러준다고 생각해서 계획을 짜는 데 시간을 많이 쓰는 편이에요. 루틴을 변주하는 일도 어느 순간부터 즐기고 있는 것 같고, 내가 짠 루틴이 더 이상 자극이 되지 않을 때는 다 뭉개요. 시간별로 계획을 짜다가 너무 편집증적으로 사는 것 같아서 다 지워버린 적도 있습니다.

잠은 안 주무세요? 단 1초도 허투루 쓰지 않는 것처럼 보이는
분들을 보면서 늘 하는 생각입니다. (웃음)
—

저의 타고난 장점이 잠이 많지 않다는 거예요. 그렇다 보
니 깨어 있는 시간을 다각도로 활용하고 싶다는 생각을 많이
했어요. 일을 몰아서 하기보다는 균등하게 배분하는 편이 저
한테는 더 맞더라고요. 보통 새벽 1시에서 1시 30분 사이에
잠들고 아침 6시~6시 반쯤 일어나요. 한때는 5시에 일어났
던 시기도 있었어요. 가장 먼저 하는 일은 페이스북과 인스
타그램을 살펴보는 것. 최근 개인 관심사에 대한 정보를 알
고리즘을 통해 빨리 얻을 수 있는 창구예요.

출근하기 전까지 아침 시간은 어떻게 활용하시나요.
—

메일을 확인하고 답장하고 업무상 파트너들이나 회사 직
원들에게 필요한 내용을 전달하는 시간이 3~40분 정도 걸
려요. 아침에 집중력과 생산성이 가장 높기 때문에 제작자
로서 하는 일의 절반을 이때 끝냅니다. 그리고 1시간~1시간
30분 정도 운동을 해요. 일주일에 두 번 정도 PT를 받고 나머
지는 달리기를 하거나 스트레칭을 하는 식으로 건강을 챙기
고 있어요. 그 일과를 모두 끝내도 회사 출근 시간(10시 30분)

스스로 확신이 있으면

오히려 우발적인 상황이나
유연함이 필요할 때

자신 있게
선택할 수 있죠.

이전이에요. 그리고 특별한 일이 없으면 회사에 와서 그날의 타임라인에 맞춰 업무 미팅을 하고, 작품에 대한 관련 문서들을 검토하기도 합니다.

시간과 공간을
다르게

실제 업무를 시작하고 난 후 어느 정도 분량을 일하는 편인지도 궁금해요.

———

하루에 너무 많은 미팅을 잡는 건 서로에게 좋지 않은 것 같아서 두세 개 정도만 해요. 한두 시간짜리 미팅일 수도 있고, 얼굴 보고 정확한 상황을 파악하고 필요한 것을 주고받는 20~30분짜리 비즈니스 미팅일 수도 있고 성격에 따라 편차가 있어요. 그리고 한두 시간 정도 회사에서 준비 중인 작품들을 고민하는 시간을 가져요. 감독 섭외가 되지 않는다거나, 투자가 되지 않는다거나, 배우 캐스팅이 되지 않아서 표류하는 프로젝트들이 계속 쌓이면 회사의 생산성이 저하될 수 있잖아요. **머릿속으로 다양한 시뮬레이션을 돌리다 보면 "유**

레카!"가 될 수도 있지만 아무런 성과도 얻지 못할 수 있기 때문에 너무 긴 시간을 할애하지는 않습니다. 정규 퇴근 시간이 6시 30분인데, 저는 약 두 시간 전부터 거의 모든 업무를 정리해놓으려고 해요. 오전에 보냈던 업무 연락의 피드백이 속속히 도착할 시간이니 필요한 답장을 하고 난 후 조금 다른 일을 해요. 가령 읽고 싶었던 책을 읽는다거나, 어떤 작품에 대한 장기적인 고민을 한다거나. 아예 장소를 옮기기도 해요.

아예 회사 밖으로 나가서 분위기를 환기하는 거군요!

흥미 있는 공간들을 아카이빙하는 폴더가 따로 있는데, 그 부근에서 저녁 미팅이 있을 때 조금 일찍 출발해서 잠깐이나마 들르는 거죠. 그리고 사람들이 요즘 이곳에 관심을 갖는 이유는 무엇인지, 내 취향에도 맞는지, 내가 받았던 정보와 실제가 일치하는지 살피죠. 직접 가보고 나서 실망한 경우도 있지만 대부분 제가 뜸 들여서 봐뒀던 공간은 어떤 영화나 공연, 책 이상으로 영감과 에너지를 줄 때가 많아요.

이를테면 '클라이맥스'라는 사명은 별자리에 대한 모티브로 만들어졌어요. 한 번씩 사운드가 나올 때마다 별들이 생성되면서 별자리 모양으로 이어지고 그 별자리가 하나의 점이 되어 상승해요. 제가 하는 일은 크리에이터라는 별들을 이어주는 것이에요. 혼자서만 빛날 수도 있겠지만 어떤 이야기를 만들기 위해서는 그들이 서로 이어져야 해요. 그리고

그 이야기가 회사에 담겨서 사람들에게 확산됐으면 하는 바람을 담은 거죠. 이 아이디어를 떠올린 건 서촌에 있는 조그마한 한옥에서였어요. 밖에서 봤을 때는 보이지 않았던 별자리가 안에 들어가니 처마 사이로 보이더라고요. **주변에 있는 일상적인 소재도 어떤 프레임 안에 들어오면 눈에 띌 수 있어요. 사무실 책상에 앉아서 사명을 고민했다면 나오지 않았을 영감이 새로운 공간에서 떠오른 거죠. 그때 공간의 변화를 통해 얻을 수 있는 영감을 체감했어요.** 보지 못했던 이미지와 듣지 못했던 소리로부터 파생되는 우연과 인연을 찾아다니면서 재미를 느껴요. 그래서 미팅과 미팅 사이 혹은 업무 일과가 끝난 후 그런 공간들을 찾아다니게 됐어요.

아예 그런 공간에서 업무 미팅을 잡을 수도 있겠고요.
—

맞아요. 배우나 감독을 만날 때 일부러 아카이빙 해놨던 스팟에 갈 때도 있어요. 최근 어떤 배우와 미팅을 할 때도 일부러 동선을 짰어요. 강북에 열린 작은 전시회, 어떤 시인이 맨날 걸었다는 산책로, 굉장한 맛집이지만 사람들이 잘 모르는 식당, 북적이지 않고 주변 경관이 좋은 도서관…. 같은 사람도 다른 공간에서 만나면 전혀 다른 모습을 발견할 때가 있어요. 환경이 바뀌면서 새롭게 보여지는 행동, 생각, 기호가 있는 거죠. 이건 단순히 오랜 시간 알고 지내고 술자리를 자주 가지며 인간적인 친분을 쌓는다고 되는 게 아니에요.

무조건 미뤄요. 제가 일을 하는 두 가지 방식이 있어요. 굉장히 빠르게 처리하거나 장고하거나. 오전에 30~40분 안에 하루 업무의 절반을 처리하는 건 집중력이 가장 높고 에너지가 넘칠 때이기 때문이에요. 그런데 제가 결정을 빨리 내리지 못했던 때는 대부분 문제를 정확히 파악하지 못했거나 그게 굉장히 중요한 문제였던 상황이었어요. 30분 고민했는데도 풀지 못한 과제는 하루 종일 생각해도 안 돼요. 이런 문제를 해결할 땐 충분한 시간을 갖는 게 필요합니다. 다음 날로 결정을 미루고 또 고민하고, 계속 그렇게 고민하다 보면 상황이 바뀌면서 접근이 좀 더 수월해지기도 해요. 처리 시간이 중요한 문제는 답이 잘 보이지 않더라도 끝까지 부여잡지 않고 빨리 매듭을 짓는 편이고요. 저는 책도 비슷하게 읽거든요. 한 땀 한 땀 천천히 읽는 책도 있지만 중간에 보다가 중단할 때도 많습니다.

콘텐츠를 위한

시스템이란

클라이맥스스튜디오를 세우기 전 눈에 띄는 필모그래피는 워너브러더스코리아 로컬 프로덕션 한국영화팀 팀장으로 있던 당시 제작한 〈마녀〉입니다. 국내에서는 신인 여자배우 원톱 액션 영화에 투자를 주저했지만 워너브러더스 본사가 흥미를 보여 추진된 케이스예요. 거대 미디어 그룹의 어떤 점이 신선한 기획을 성사시켰다고 보시나요.

———

경험치요. 한국에서는 이러한 작품이 대중과 소통을 실패해서가 아니라, 데이터 자체가 없는 데서 온 두려움이 컸을 거예요. 반면 워너브러더스 본사는 오랜 시간 다양한 기획을 해오며 생긴 경험이 다른 시각을 만들어냈습니다. 다른 체계와 환경에서 가능한 결정이 있고, 그렇게 다른 시각의 접근이 가능하다는 것을 배웠어요.

NEW에서 워너브러더스코리아를 거쳐 클라이맥스스튜디오를 설립하셨잖아요. 두 회사에서의 경험으로부터 무엇을 배웠나요.

———

두 회사 모두 제가 몸담았을 당시에 처음 시작하는 단계에 있었어요. 그래서 영상 콘텐츠를 만드는 회사의 시작부터 발전해가는 과정을 볼 수 있던 게 지금 회사를 운영하는 데 많은 도움이 됐어요. 국내와 해외의 투자 환경을 모두 겪어본 것도 무척 의미 있었고요. 물론 좋은 점도 많지만 이런 부분은 내 스타일로 바꿔야겠다고 생각했던 것들이 지금의 그림을 그릴 수 있게 해줬어요. 빠르고 날렵한 상태에서 시작해 체계를 만들어간 NEW, 그리고 엄청나게 빡빡한 시스템이 있던 해외 투자배급사를 모두 거치면서 많은 자본을 단시간 안에 소비하는 영상 콘텐츠를 제작할 때 왜 체계가 필요한지 배웠어요. 단순히 어떤 물리적인 제약을 주는 게 아니라 하나의 판단을 할 때 많은 사람이 고민하게 하는 것이 체계예요. **클라이맥스스튜디오는 체계를 만들어나가되 그 체계가 가져오는 불편함을 없애자는 방향으로 운영하고 있어요.** 어느 정도 시스템을 갖추게 되면 일정량의 콘텐츠가 주어진 시간 동안 나올 수 있다는 것을 보여주고 싶었습니다.

콘텐츠 기업을 이끄는 대표로서는 회사를 어떻게 운영하고 있습니까.

저까지 합치면 5명의 기획 프로듀서가 있어요. 아이디어를 간략히 정리해 기획 단계 이전의 글을 쓰는 인턴 작가가 1명, 재경팀 직원이 2명, 그렇게 총 8명의 직원이 있습니다.

투자배급사 생활을 거치면서 어떻게 인력을 쓰는 것이 바람직할지 고민을 많이 했어요. 창작 영역에 있는 기업들은 일정 인원을 넘어가면 유연하게 상황에 대처하기 힘든 부분이 생길 수밖에 없어요. 작품 수가 많아지면서 조직 규모도 한없이 커졌던 많은 미디어 기업이 일정한 성과를 내지 못한 이유도 여기에 있다고 생각했어요. 그래서 처음 세팅할 때부터 한 자리에 모여서 소통할 수 있는 인원 이상으로 회사를 키우기보다는, 그 외 필요한 영역은 파트너십을 통해 해결하는 쪽으로 방향을 잡았어요. 일반적인 제작사는 보통 마케팅 팀을 따로 구성하는데, 저희는 홍보사 아워스와 마케팅 업무 제휴를 맺었어요. 저희와 파트너십을 맺고 함께 작품을 기획하는 공동 제작사도 있고요.

주로 작업하는 곳은 바로 이곳, 제작사 사무실이 될 수밖에 없을 듯합니다. 그동안 제작했던 작품에 관한 다양한 소품이 전시되어 있네요.

—

아무래도 사무실에서 가장 많은 시간을 보내게 되죠. 업무 미팅도 하고 편집본도 보고 책도 읽고 일과 시간 이후 사람들과 만나기도 합니다. 우리가 하는 일이 흥행과 관련된 산업이기도 하잖아요. 작품적인 만족도와 상업적인 만족도가 다를 때가 많아서 굉장히 허탈할 때가 많아요. 몇 년 동안 기획하고 준비했는데 대중에게 사랑받지 못하면 금방 잊

혀질 수 있거든요. 그래서 그동안 회사에서 만들었던 작품의 흔적을, 물성이 있는 것들로 많이 남겨놨어요. 개인적인 만족감을 위한 것도 있지만 그렇게 만든 마음속 아카이빙 박물관이 환기한 작품에 얽힌 기억들이 정서적으로 많은 도움을 줘요. 여기 처음 온 사람들은 저에게 "오늘 날씨가 좋네요. 식사 하셨어요?"라고 묻는 대신 〈지옥〉 〈D.P.〉 〈소울메이트〉 등에 대한 이야기를 자연스럽게 꺼낼 수 있고요. 이곳에서 저와 만나는 사람들은 대부분 창작자들이고, 기왕이면 작품에 대해 이야기했으면 좋겠다는 생각에 이렇게 배치했어요.

제 작 자 의

감 정 관 리

많은 것을 관리하고 책임지는 제작자에겐 평소 감정을 잘 다스리는 것도 중요해요. 일에 지장이 있을 수 있겠다 싶을 만큼 개인적인 어려움을 겪을 땐 어떻게 대처하나요.

내가 컨트롤할 수 있는 한계를 넘어섰다 싶으면 일단 좀 걸어요. 걸으면서 이런저런 생각을 하다 보면 그 생각이 없

"지금 건물 지하에 다른 분들도 작품의 다양한 오브제를 용이하게 볼 수 있는 공간을 따로 만들고 있는데요. 전 오브제들이 전시된 위치와 맥락에 따라 작품의 재해석도 가능하다고 생각해요. 하나의 영화와 시리즈물에서 끝나는 게 아니라 이들의 히스토리가 유기적으로 연결되면서 계속 소비될 수 있는 거죠. 어쩌면 오프라인 공간 사업이 될 수도 있고요."

어지기도 하니까요. 그리고 이미 벌어진 일이니까 당분간 그 사안에서 멀리 떨어지려고 노력해요. **사실 문제는 그대로인데 제 태도를 바꾸면 자연스럽게 만회할 수도 있는 거잖아요.** 그래서 업무상 마찰이 발생하면 문자나 메일을 쓰고 발송 버튼을 누르기 전에 한 번 더 생각해요. '내가 너무 뜨거워져 있지 않나?' 여전히 화가 나 있거나 불만이 쌓여 있을 때 쓴 내용을 그대로 복사해서 저에게 보내요. 그리고 최소 하루가 지난 후 다시 읽어봐요. 그리고 깨닫죠. 심적으로 힘들 때 바로 연락하면 안 된다는 것을. (웃음) 일단 시간 격차를 두는 게 필요한 것 같아요.

아무래도 이쪽 업계는 일과 여가가 뚜렷하게 구분되기 어려운 편이에요. 근무 시간 외에 벌어지는 술자리나 행사도 많잖아요.
—

그런 곳도 다 참여해요. 물론 다음 날 일정이 있으면 너무 오래 이어지지 않도록 조율을 하고요. 그런데 저희 업계 만남의 문화가 꼭 밤에 만나 취할 때까지 마시는 것만 있지 않잖아요. (웃음) 일반 기업과는 업무 형태가 다르다 보니까 낮에 만나 작품 얘기를 하면서 가볍게 맥주나 와인을 마실 수도 있죠. 무엇보다 제 시간을 핸들링할 수 있기 때문에 평소 가지 않았던 장소에 가거나 주중 이벤트를 열어 새로운 관점으로 창작에 접근하는 일도 가능해요. 같은 공간도 사람들이 많은 날 갔을 때랑 소수의 사람만 볼 수 있는 시간대에 찾아 갔을 때랑 무척 다를 수 있다고 생각하거든요. 일과 여가의 경계가 사라지는 게 제가 가진 직업의 단점일 수 있지만, 최 대한 장점화시키려고 고민을 많이 합니다. 현대 사회에서 일 과 여가를 구분해야 한다고들 하지만 경계를 없애는 게 훨씬 스트레스가 적고 자연스러울 수도 있어요. 일이 여가를 더 풍부하고 의미 있게 만들 수도 있거든요. 오히려 일과 여가 를 분리하려는 노력을 하지 않으면서 스트레스가 사라진 경 험을 종종 했어요. 일하듯 놀고 놀 듯 일하는 방식이 저에겐 더 맞는 것 같아요.

길목에 있는 사람들 덕분에
가능한 점프 컷

그렇게 사람들을 만나다 보면 어느 정도 거리감을 유지해야 할지 고민이 될 때가 많아요. 대체로 어떤 분들과 가까이 지 내는 편입니까.

인간적인 교류를 하고 싶어서 만들어지는 관계도, 일에 도움이 되는 정보를 얻기 위해 쌓는 인맥도 있죠. 그런데 100명의 사람을 만나려면 최소 100번의 미팅을 해야 하잖아요. 가령 업계 동향을 아주 잘 아는 사람을 만나면 그 횟수를 줄일 수 있어요. **저는 그런 분들을 '길목에 있는 사람'이라고 표현하는데, 그들과 자리를 마련하면 한정된 시간과 에너지를 효율적으로 쓸 수 있어요.**

그렇다면 어떤 플레이어를 신뢰해야 할 것인가. 저는 그분들이 쌓아온 커리어가 곧 그분을 말해준다고 생각합니다. 화려한 커리어를 가졌지만 언변이 뛰어나지 못할 수도 있고, 커리어가 화려하진 않지만 실질적으로 아는 게 많을 수도 있어요. 과거 그분이 거쳐 온 작품에서 어떤 역할을 했는지 살펴보고, 저를 매료시킨 지점이 있다면 그들과 소통할 때 최소한 많은 부분을 채워놓고 관계를 형성할 수 있어요. 물론 굵직한 경력이 없는 분들도 있을 수 있죠. 그런 사람들을 처음 사귈 땐 주변 사람들의 성향도 많이 봐요. (웃음) 이쪽 일의 장점이자 단점이 공동 작업이라는 거잖아요. 특히 대중 상업 영화를 만들기 위해서는 굉장히 많은 사람들과 소통할 수밖에 없죠. 그 사람의 주변에 긍정적인 영향을 주고받는 사람들이 있다면 그분은 신뢰할 만한 거 같아요.

콘텐츠 제작은 많은 사람이 함께 하는 공동 작업인 만큼 업무상 커뮤니케이션을 해야 할 때가 많아요. 그리고 서로 일을 더 잘하려면, 최상의 결과물을 만들어내려면 대화의 기술이 필요하죠.

———

커뮤니케이션은 일방적으로 혼자 하는 게 아니에요. 상호 간의 정보 교환, 감정 교류, 혹은 협조 요청이 될 수도 있겠죠. 그래서 커뮤니케이션 방식보다도 소통의 주목적이 무엇인지 많이 생각해요. 어떤 문제가 발생해서 커뮤니케이션을 해야 하는 상황이라면 문제의 성격이 무엇인지, 천재지변 때문인지, 누군가의 과오 때문인지 정확히 파악하는 게 중요해요. 그 이후에는 커뮤니케이션 방식이 굉장히 다채로워져요. 정리가 필요한 상황이라면 용건 먼저 팩트 중심으로 얘기하고, 복잡한 정서적 문제라면 굉장히 먼 길을 돌아가며 얘기해야 될 때도 있죠. 유형에 따라 메일을 쓸 수도 전화를 할 수도 직접 만나서 얘기할 수도 있을 거예요.

그리고 **항상 상대에게 최대의 만족을 안겨줄 수 있는 범위 내에서 커뮤니케이션을 하려고 해요. 사람들은 문제를 해결할 때 내가 더 만족스러울 수 있는 길을 자연스럽게 생각할 수밖에 없는데, 내 쪽이 좀 더 손해 보는 것 같은 느낌으로 소통해야 그나마 운동장이 기울어지지 않는 거 같더라고요.** 그들의 입장은 저의 기준점과 다르니까요. 종종 "상대에게 너무 우호적인 방향으로 문제를 해결한 것 아니냐"라는 질문을 받을 때도 있는데, 제가 생각했을 땐 그렇게 해야 그나마 상대방이 공평하다고 느끼기 때문이에요. 저도 반대 입장에서 경험해보기도 했고요. 이것이 제가 창작자와 소통할 때 가장 신경 쓰는 부분입니다.

그밖에 단선적인 커뮤니케이션에 있어서는, 제가 만나야 하는 사람도 해야 할 업무의 가짓수도 많은데 모든 이에게 똑같은 에너지를 쓰는 것은 불가능해요. 오히려 형식화된 저녁 식사 자리나 행사는 똑같이 지양하는 게 다른 분들의 오해도 사지 않는 길 같아요. 저는 생각보다 인간관계가 좁아요. 소수의 사람들과 오랫동안 깊게 만나는 타입이죠. 일 때문에 생기는 많은 관계에 똑같은 에너지를, 업무 외 시간까지 할애하며 쏟지는 않습니다.

제작자는 작품에 가장 적합한 인력들을 찾고 새로운 감독과 배우를 발견하는 안목이 요구되는 직업이에요. 재능 있는 사람들을 어떻게 알아보는 편입니까.

———

좋은 능력을 가진 사람과 아이템의 조합이 중요해요. 그리고 그 조합을 만들어내기 위해서는 창작자들이 오랜 시간 관심을 가졌던 세계나 이미지, 스토리에 대한 데이터가 있어야 합니다. 영화제에서 좋은 단편을 만드는 감독님들을 보면 항상 만남을 요청하고, 어떤 작품을 만들고 싶은지 이야기를 듣고 차곡차곡 관계를 맺어 왔어요. 최근에 클라이맥스스튜디오와 함께 작업했던 〈D. P.〉의 한준희 감독, 〈콘크리트 유토피아〉의 엄태화 감독, 〈소울메이트〉〈유쾌한 왕따〉의 민용근 감독은 제가 오랫동안 팔로잉하고 소통하면서 진짜 좋은 감독이라고 생각했던 분들이에요.

그리고 이들이 제가 말했던 '길목에 있는 사람'이 되죠. 그들에게 요즘 주변에 독립 영화 쪽 사람이든 상업 영화 쪽 사람이든 동료든 후배든 아직 주목받지 못했지만 가능성 있는 사람들이 누구냐고 물어봐요. 좋은 취향과 시선을 가진 사람 세 명이 '찐'들을 세 명씩만 추천해도 저는 총 아홉 명을 소개받을 수 있는 거죠. 저 혼자서 아홉 명의 가능성 있는 창작자를 발굴하기 위해서는 엄청난 시간을 할애해야 하는데, 저는 세 번의 만남을 통해 그분들이 오랜 시간을 들여 검증한 후보들을 굉장히 빠르게 얻을 수 있어요. 새로운 아티스트를 찾기 위해 시간을 들여 사람을 만나고 그의 취향을 듣고 작품을 보고 쓴 글을 읽고 비전을 들어볼 수도 있겠지만, 이 과정을 모두 겪은 사람들이 공통적으로 지목하는 한 명이 있다면 일련의 과정을 뛰어넘고 바로 함께 해 보자는 제안도 할 수 있을 것 같아요. 누군가의 대리경험의 교집합은 나와 그 사람이 각자 쌓아온 시간을 합친 것과 같을 수 있어요.

다른 업무를 할 때도 적용될 수 있는 태도 같아요.

———

창작은 반드시 1에서 2, 2에서 3으로 진행되지 않는다고 봐요. 1에서 10까지 차근차근 밟아나가야 할 일도 있지만 가끔 1에서 7로 바로 갈 수 있는 경우도 많아요. 일을 순서대로 생각하지 않고 **어떤 맥락 위의 시퀀스 개념으로 접근하면 지금 당장 해결되지 않는 일, 해결할 필요가 없는 일들이 보여요. 작품에 필요한**

문법 속에 속한다면 오히려 굉장히 효과적인 점프 컷(급격한 장면전환으로 연속성이 갖는 흐름을 깨뜨리는 편집을 말하는 영화용어)이 될 수 있습니다. 최종 목적지를 향해 가는 길목에서 만날 수 있는 파트너가 누구인지 고민하고 그들과 만난다면, 남에게 피해를 주지 않으면서 생산성을 높일 수 있어요.

점프 컷을 가능하게 하는 무언가를 찾아내는 게 핵심이군요.
——

가장 키가 되는 일을 빠르게 완수해서 나머지를 편안하게 속도감 있고 밀도 있게 진행할 수 있다면, 비즈니스든 창작이든 결국 그 한 수를 찾는 게 관건인 것 같아요. 저는 그 과정을 탐구하는 데 희열을 느끼고요. 매일 아침 '플로우' 앱의 폴더들을 보며 고민하고, 조금 다른 공간에서 사람을 만나는 시도 같은 건 결국 최적의 수를 찾아내 가장 적합한 타이밍에 놓기 위함이에요. 근데 이건 구체적으로 데이터화시킬 수 없는 영역이에요. 분명히 존재하지만 도식화된 설명은 할 수 없는 거죠. 축구에서 공격수의 미덕은 골을 많이 넣는 것이고 골을 잘 넣는 선수가 되기 위한 트레이닝법도 많은 사람들이 알고 있지만, 진짜 골을 많이 넣는 플레이어가 되는 건 별개의 문제잖아요. 창작도 스포츠와 비슷한 것 같아요. 정신적인 훈련을 거듭하면서 만들어지는 생각과 의지의 근육이 마지막 한 땀을 놓는 데 결정적인 역할을 하게 되는 거죠.

가장 키가 되는 일을

빠르게 완수해서

나머지를 편안하게

속도감 있고 밀도 있게

진행할 수 있다면,

비즈니스든 창작이든

결국 그 한 수를 찾는 게

관건인 것 같아요.

변승민 대표의
업무 툴

메일 외에 내부 직원들과 실시간으로 소통할 땐 '플로우'라는 공용 업무 툴을 써요. 예전에는 손으로 썼던 작업 노트가 있었고 칠판에 진행 중인 프로젝트와 작품 별로 생각의 실타래가 이어지는 것까지 써두기도 했는데, 지금은 빠른 데이터화가 가능한 프로그램을 쓰게 됐어요. 아카이빙이 가능하기 때문에 반복적인 일을 해야 할 때 도움을 많이 받습니다.

아침 운동을 마치고 사무실에 오면 제일 먼저 '플로우'를 열어요. 작품별, 목적별로 폴더를 정리해놨습니다. 회사 전체에 공유하고 싶은 것, 나 스스로에 대한 것, 기획 부서끼리만 논의할 것, 경영 부서와 소통할 것 그리고 업무와 상관없이 올해 개인적으로 하고 싶은 일을 정리한 폴더까지.

그 밑으로는 다 프로젝트별로 만든 폴더예요. 보라색은 촬영 마치고 후반 작업 중이거나 이미 런칭한 작품, 노란색은 캐스팅 중 혹은 투자 매칭 중인 작품, 회색은 기획 개발 중인 작품, 검은색은 어떤 이슈들 때문에 잠시 홀딩한 작품들, 빨간색은 콘텐츠 제작 외 사업 관련…. 이런 식으로 구분을 해놨어요.

그밖에 노트북이나 키보드, 마우스 같은 장비에는 전혀 욕심이 없네요. 대신 질 좋은 노트와 그립감 좋은 펜 모으는 것을 좋아해요. 특히 손으로 쥐고 썼을 때 무게감 있는 필체가 나오는 펜 있잖아요. 지금 당장은 안 쓰더라도 조금씩 사서 모아두는 편이에요. 그리고 좋은 문진을 발견할 때 희열을 느끼고요.

창작형 인간의 하루

초판 1쇄 발행 2023년 9월 6일
초판 4쇄 발행 2024년 5월 2일

지은이 임수연
펴낸이 이경희
사진 촬영(정서경, 정지인, 김보라, 백현진, 이은규, 변승민) 오계옥
사진 촬영(정세랑) 백종헌

펴낸곳 빅피시
출판등록 2021년 4월 6일 제2021-000115호
주소 서울시 마포구 월드컵북로 402, KGIT 19층 1906호